北京宣传文化引导基金
BEIJING CULTURE GUIDING FUND
北京宣传文化引导基金资助项目

冬奥·冰上舞者：花样滑冰大全

冰上舞蹈

张昊　主编

北京出版集团
北京出版社

编委会

作者介绍

张昊，花样滑冰世界冠军，中国花样滑冰运动员，国际健将，北京体育大学中国冰上运动学院院长助理兼花样滑冰专项教师，2022年北京冬奥宣讲团宣讲员。

张昊4岁开始练习花样滑冰，8岁接受专业训练，14岁与张丹配对参加双人滑比赛，18岁第一次登上冬奥会舞台，2020年6月退役。他曾代表中国队连续5次出征冬奥会，是参加冬奥会次数最多的花样滑冰运动员，并在2006年第20届意大利都灵冬奥会上夺得花样滑冰双人滑亚军，创造了当时中国队在冬奥会花样滑冰项目上的历史最好成绩。

张昊从事花样滑冰30多年，参加了400多场国内外大型花样滑冰比赛。除了在赛场上不断拼搏外，他积极参与社会公益活动，为宣传推广冬奥文化、冰雪文化不懈努力，以榜样的力量感染、吸引更多青少年参与到冰雪运动中。他曾获中华人民共和国第11届运动会体育道德风尚奖、CCTV体坛风云人物最佳组合奖、中国十佳劳伦斯冠军奖最佳组合奖、第34届北京青年五四奖章等荣誉；并担任全国精神卫生宣传大使、北京红十字会"2022年冬奥会无偿献血"形象大使、2008年北京奥运会火炬手，以及西宁市冰雪运动协会名誉主席、辽源市冰雪协会名誉主席、青岛市冰雪运动协会荣誉理事等职务。

所获运动成绩

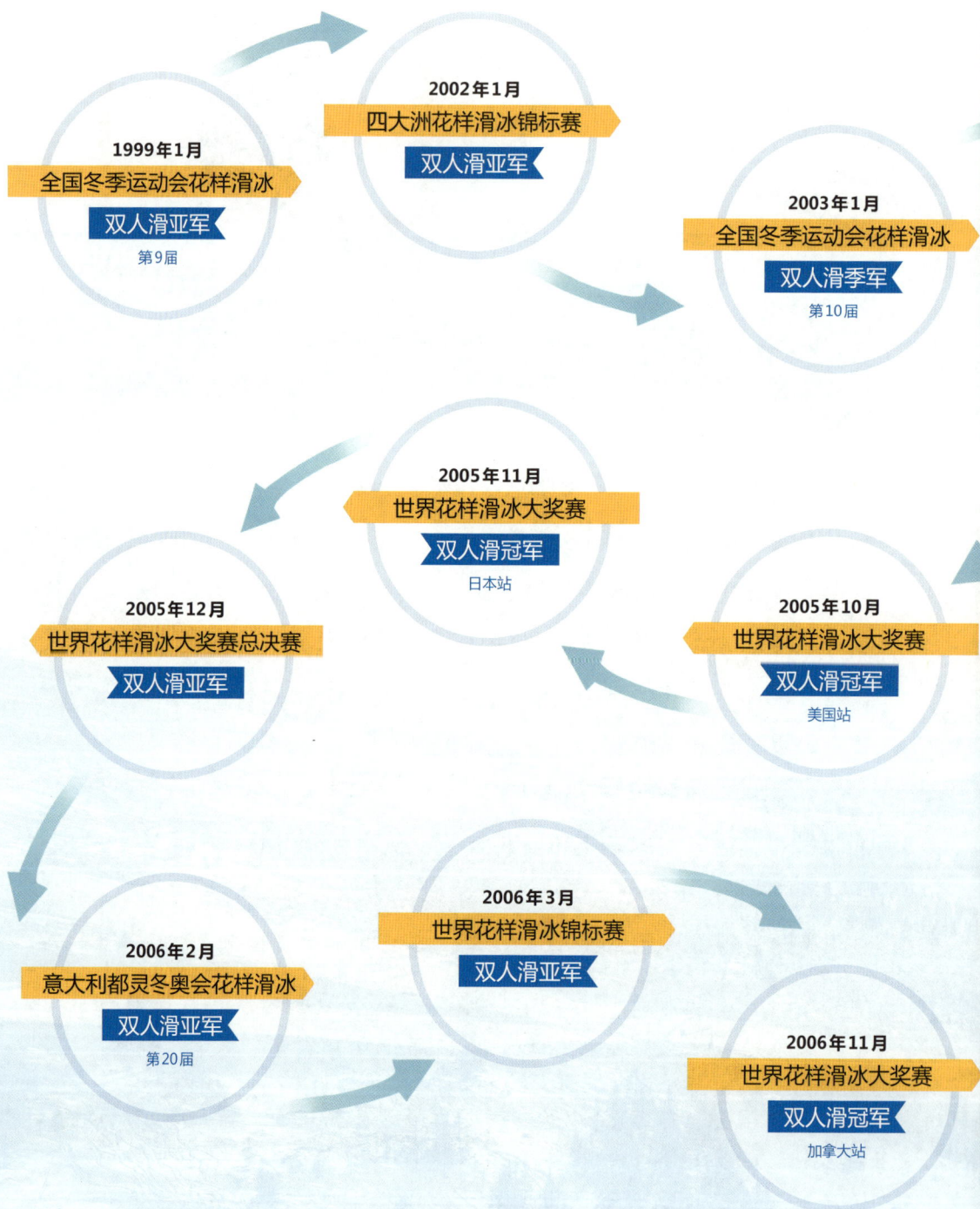

1999年1月
全国冬季运动会花样滑冰
双人滑亚军
第9届

2002年1月
四大洲花样滑冰锦标赛
双人滑亚军

2003年1月
全国冬季运动会花样滑冰
双人滑季军
第10届

2005年11月
世界花样滑冰大奖赛
双人滑冠军
日本站

2005年12月
世界花样滑冰大奖赛总决赛
双人滑亚军

2005年10月
世界花样滑冰大奖赛
双人滑冠军
美国站

2006年2月
意大利都灵冬奥会花样滑冰
双人滑亚军
第20届

2006年3月
世界花样滑冰锦标赛
双人滑亚军

2006年11月
世界花样滑冰大奖赛
双人滑冠军
加拿大站

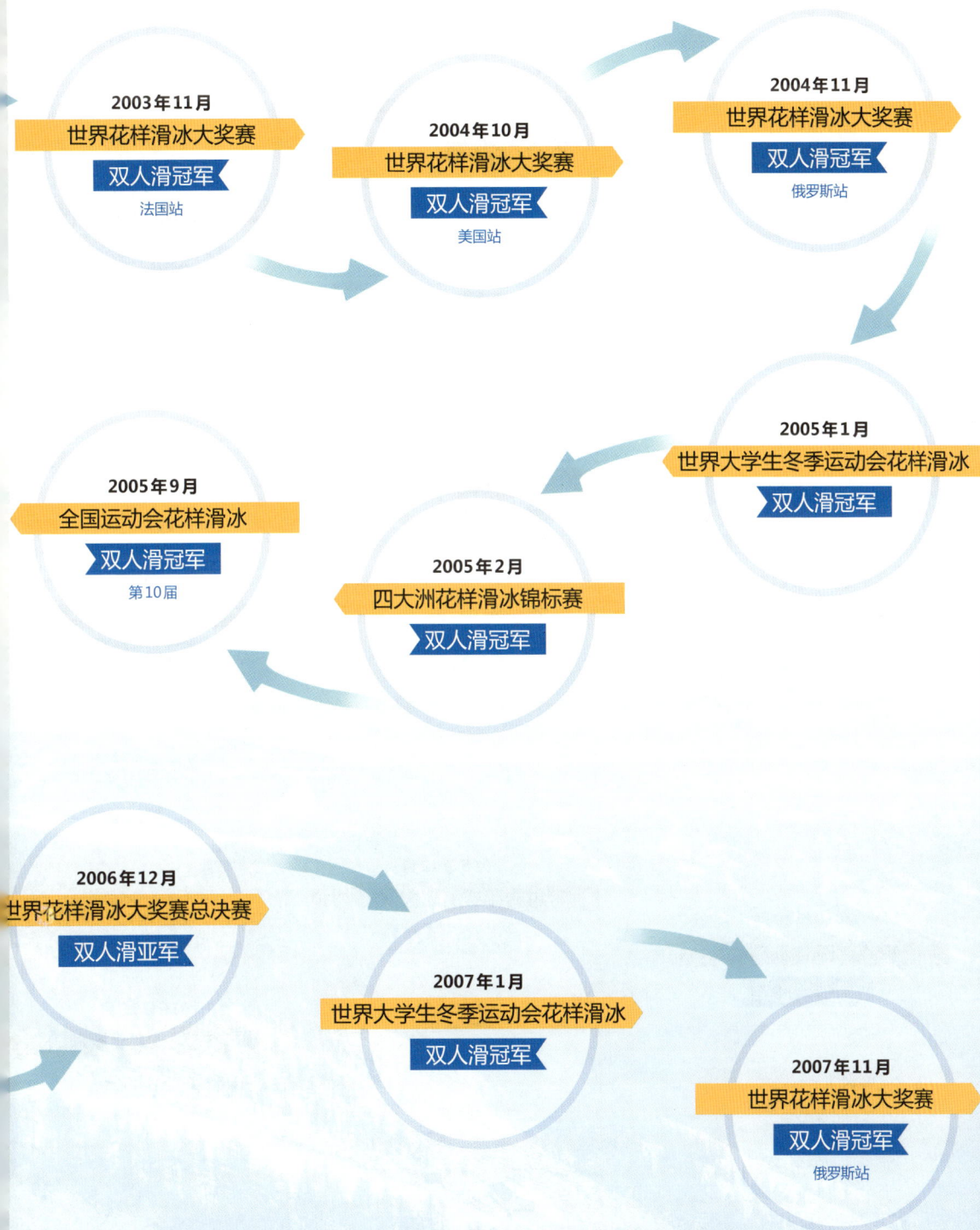

2003年11月
世界花样滑冰大奖赛
双人滑冠军
法国站

2004年10月
世界花样滑冰大奖赛
双人滑冠军
美国站

2004年11月
世界花样滑冰大奖赛
双人滑冠军
俄罗斯站

2005年1月
世界大学生冬季运动会花样滑冰
双人滑冠军

2005年9月
全国运动会花样滑冰
双人滑冠军
第10届

2005年2月
四大洲花样滑冰锦标赛
双人滑冠军

2006年12月
世界花样滑冰大奖赛总决赛
双人滑亚军

2007年1月
世界大学生冬季运动会花样滑冰
双人滑冠军

2007年11月
世界花样滑冰大奖赛
双人滑冠军
俄罗斯站

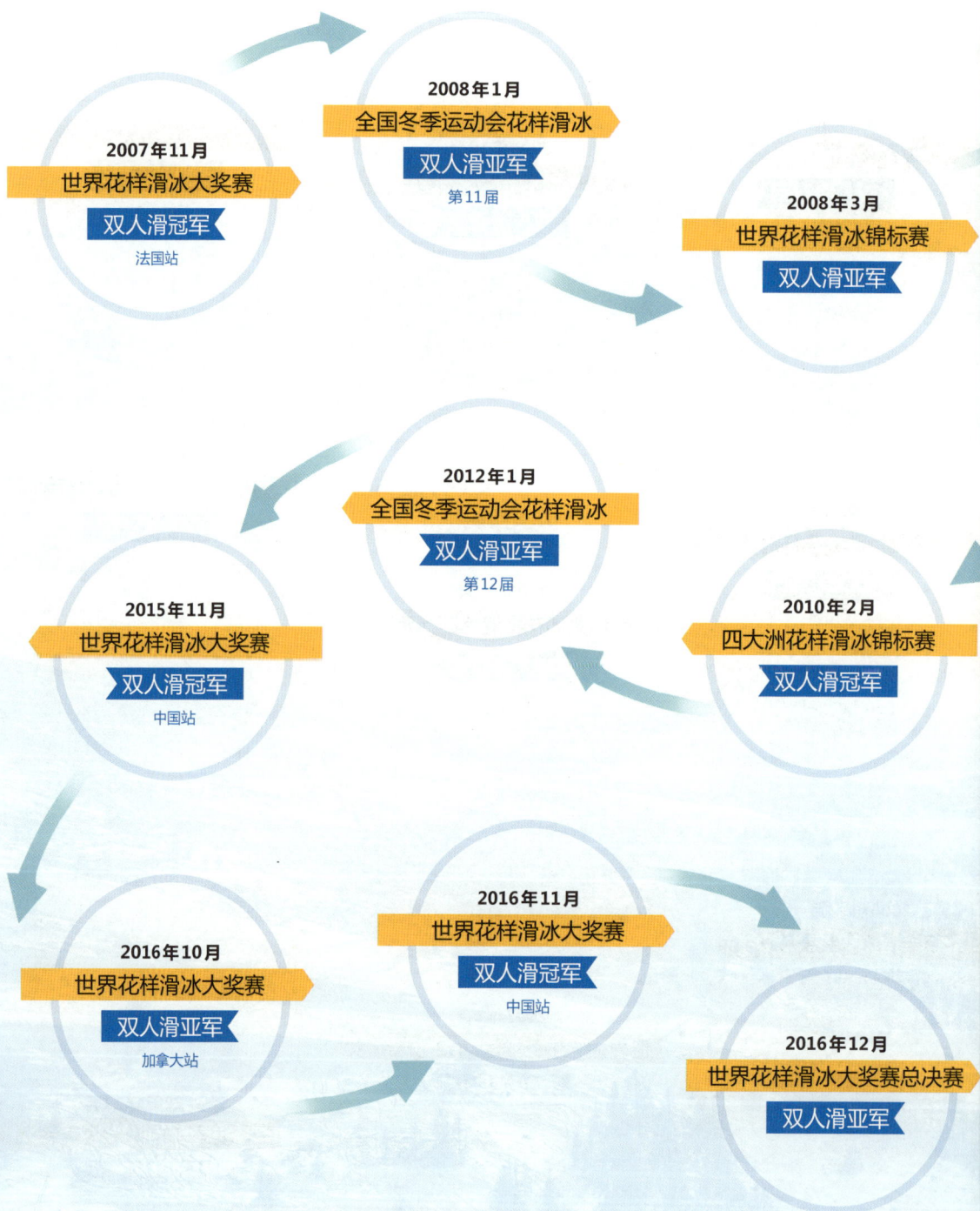

2007年11月

世界花样滑冰大奖赛

双人滑冠军

法国站

2008年1月

全国冬季运动会花样滑冰

双人滑亚军

第11届

2008年3月

世界花样滑冰锦标赛

双人滑亚军

2012年1月

全国冬季运动会花样滑冰

双人滑亚军

第12届

2015年11月

世界花样滑冰大奖赛

双人滑冠军

中国站

2010年2月

四大洲花样滑冰锦标赛

双人滑冠军

2016年10月

世界花样滑冰大奖赛

双人滑亚军

加拿大站

2016年11月

世界花样滑冰大奖赛

双人滑冠军

中国站

2016年12月

世界花样滑冰大奖赛总决赛

双人滑亚军

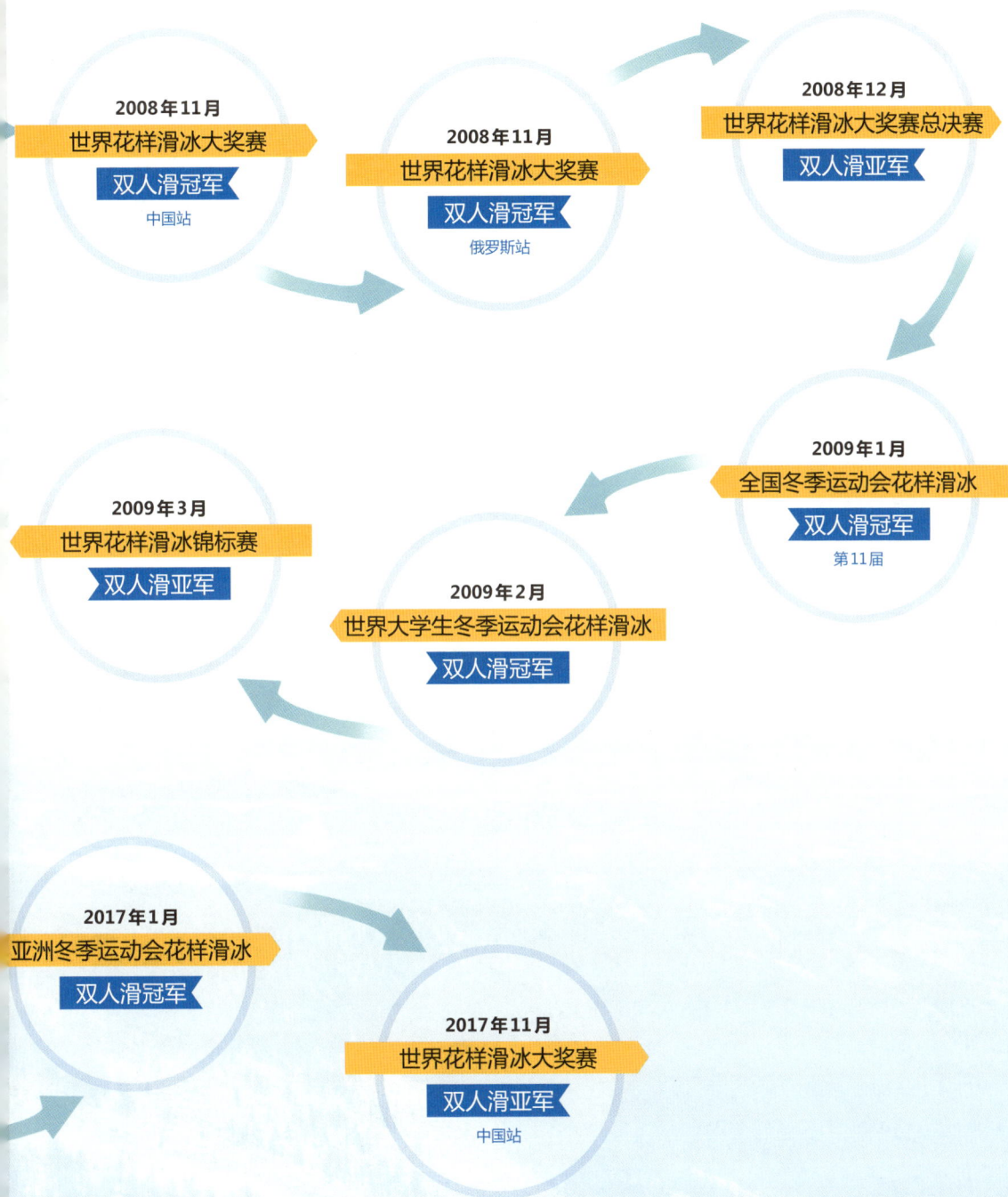

2008年11月
世界花样滑冰大奖赛
双人滑冠军
中国站

2008年11月
世界花样滑冰大奖赛
双人滑冠军
俄罗斯站

2008年12月
世界花样滑冰大奖赛总决赛
双人滑亚军

2009年1月
全国冬季运动会花样滑冰
双人滑冠军
第11届

2009年3月
世界花样滑冰锦标赛
双人滑亚军

2009年2月
世界大学生冬季运动会花样滑冰
双人滑冠军

2017年1月
亚洲冬季运动会花样滑冰
双人滑冠军

2017年11月
世界花样滑冰大奖赛
双人滑亚军
中国站

前　言

　　2022年北京冬奥会，举世瞩目，实现了"带动三亿人参与冰雪运动"的目标，全国各地掀起了"冰雪热"。冰雪场馆"活"起来，从以前的门可罗雀，到如今的人山人海，大人、小孩纷纷走上冰场、走进雪场，享受冰雪运动带来的快乐。

　　作为一名冰雪追梦人，我从事花样滑冰30余年，连续参加了5届冬奥会，我为自己能一步步见证我国花样滑冰事业的发展而感到骄傲。花样滑冰运动是集音乐、舞蹈、体育技巧于一身的运动项目，具有较高的艺术感染力和独特的观赏价值。冰雪运动可以锻炼身体、愉悦身心，帮助青少年体会百折不挠的意义，促进素质教育全面发展。

　　为进一步推动"冰雪文化进校园"活动，我结合自己30余年的工作经历，主编了这套青少年科普读本"冬奥·冰上舞者：花样滑冰大全"，指导青少年科学、规范、高效地掌握花样滑冰的基本技能。读本分为两册，分别为《单人滑双人滑》和《冰上舞蹈》，旨在培养青少年的冰雪情结和兴趣，普及冰雪体育运动技能，切实让广大青少年在冰雪体育锻炼中享受乐趣、增强体质、健全人格、锤炼意志。

　　本书在编写体例上坚持科学、严谨的原则，从初入冰场、冰上练习、冰峰对决、冰舞之美和冰舞人生5个章节，介绍了冰上舞蹈的文化背景、发展历史、场地与装备、专业技术动作、比赛规则、运动员的励志成长故事等，传播冰雪文化知识，弘扬奥林匹克精神。

　　本书知识专业、全面，语言通俗易懂，图文并茂，邀请专业运动员亲自示范，全面直观地给读者展示冰上舞蹈中主要的滑行、跳跃、旋转等动作要领，让专业的冰上舞蹈知识变得更直观、更生动。此外，为了让青少年读者能够理解这项运动，并传播全民冰雪运动的理念，书中相关章节还特别设置了《冰雪小课堂》栏目，增加知识性、趣味性，便于读者了解冰雪运动悠久的历史文化和纷繁的比赛场景。

　　作为向青少年传达冰上舞蹈知识的专业图书，本书不仅是一本科普读物，而且是一本给中小学生普及冰上舞蹈运动的教学课本，同时也是冬奥冰雪文化的宣传手册。本书亦可作为高校冰上舞蹈教材使用。你感兴趣的冰上舞蹈知识，都在本书中。

　　最后，感谢在本书编辑过程中热情帮助过我和辛勤付出的北京出版集团的刘可老师、杨晓瑞老师、宋俊美老师，还要感谢李强、王小丹和我的学生杨曦等人在编写过程中给予的帮助。由于时间及编者的水平有限，书中疏漏及不妥之处在所难免，敬请广大读者批评指正。

2023年9月

目　录

第一章

初入冰场

冰上舞蹈，简称冰舞，是由男女组队伴随着音乐节奏在冰上进行一些舞蹈步法和舞姿滑行的表演。冰上舞蹈是国际花样滑冰运动的竞技项目之一，与单人滑、双人滑同列为冬季奥运会花样滑冰的三大项目。本章将简要地介绍冰上舞蹈的发展历史和一些基本的入门知识，让读者对冰上舞蹈有初步的了解。

第一节　冰上舞蹈概述

一、冰上舞蹈的发展历史

冰上舞蹈脱胎于花样滑冰。随着花样滑冰内容、形式的不断丰富和发展，第一次世界大战结束之后，在花样滑冰的基础上开始出现能给人们带来愉悦艺术享受的冰上舞蹈。冰上舞蹈的运动形式确立较晚，被纳入正式比赛项目的时间也晚于花样滑冰的其他项目。

从国外发展历程来看，冰上舞蹈最早始于20世纪30年代的英国，发展于法国、苏联（俄罗斯）、加拿大等欧美国家。实际上，早在19世纪，已经有一些滑冰爱好者尝试在冰上完成社交舞蹈的动作，比如最早流行的华尔兹舞、玛祖卡舞等，这就形成了早期冰上舞蹈的雏形。渐渐地，随着舞蹈内容的加入和动作设计被越来越多的人喜爱，一些民间团体、舞蹈表演艺术家也不断加入进来，将滑冰与舞蹈融合，进而衍生出现代冰上舞蹈的形式。比如：1860年，在圣彼得堡出现了将俄罗斯民间舞蹈融入花样滑冰的技术；1863

冰舞风采1

冰舞风采2

冰舞风采3

冰舞风采4

年，美国芭蕾舞表演艺术家，有"现代花滑之父"之称的杰克逊·海因斯（Jackson Haines，1840—1875）将滑冰运动与舞蹈艺术融为一体，并在欧洲进行了巡回表演，极大地丰富了花样滑冰的内容和形式。

20世纪初，在一些优秀的舞蹈表演艺术家和滑冰运动员的共同推动下，这种富于观赏性和艺术感的新运动形式，受到越来越多的人喜爱和认可，为花样滑冰的发展注入了一股新的力量。由此，冰上舞蹈的发展进入了"快车道"。

1937年，英国国内举办了首届冰上舞蹈锦标赛，标志着冰上舞蹈首次被列为正式的比赛项目。

1949年，冰上舞蹈被单独列为比赛项目。

1952年，法国巴黎举行了首届世界冰上舞蹈锦标赛，共有4个国家的9对运动员参加，最终英国运动员维斯特伍德和戴米获得了冠军。

1976年，因斯布鲁克冬季奥运会首次增设冰舞项目。此后，冰上舞蹈才正式进入冬季奥运会比赛中，是花样滑冰中最晚加入冬奥会的比赛项目。

在我国，冰上舞蹈是花样滑冰中最"年轻"的项目，晚于单人滑、双人滑。其中最具代表性的运动员有赵小雷/刘陆阳、黄欣彤/郑汛和王诗玥/柳鑫宇。在国家政策的大力支持引导下，经过几代花样滑冰人艰苦卓绝的努力，从20世纪90年代开始，我国的花样滑冰运动在世界比赛中异军突起，冰上舞蹈项目整体水平也不断地突破、提升。比如：1981年全国花样滑冰锦标赛上，我国首次举办了冰上舞蹈项目；1984年首次派出冰上舞蹈组合参加第14届萨拉热窝冬奥会。一直到2022年北京冬奥会，中国冰上舞蹈在2月14日这天，"马达引擎"组合王诗玥和柳鑫宇身着《千里江山图》的中国元素比赛服拿下第12名，创造了我国的奥运历史，获得了中国冰上舞蹈参加冬奥会以来的最佳战绩，让世界看到了中国文化。

但是从冰上舞蹈的形式上看，我国古代的冰嬉运动起源更早，并已经突显出一些现代冰上舞蹈的特点，如清代画家所作《冰嬉图》中就有金鸡独立、哪吒闹海、大蝎子等花样滑冰动作。清末（19世纪）专为慈禧观赏的北京北海花样滑冰表演中，也已有双飞燕、蝶恋花等双人动作。

冰嬉图（局部）

▶ **冰雪小课堂**

现代花样滑冰之父——杰克逊·海因斯

美国人杰克逊·海因斯被公认为"现代花滑之父"。他将芭蕾的舞蹈动作融入滑冰中，并引入了伴奏音乐这一新概念，以追求花样滑冰节目的优美高雅，而不是一味地在冰面上追求速度。1863年，杰克逊·海因斯来到欧洲，在斯德哥尔摩、柏林、布达佩斯、圣彼得堡、赫尔辛基等城市进行了巡回表演。1868年，他来到著名的"音乐之都"——奥地利维也纳。在冰场上，杰克逊·海因斯伴随着音乐，穿着冰刀鞋，跳起了当时最流行的华尔兹舞、玛祖卡舞和卡德里舞。他的精彩表演，尤其是蹲踞旋转、敏捷的步伐和优美的舞姿轰动了当时的维也纳。杰克逊·海因斯也因此获得了奥地利国王约瑟夫一世的赞赏。

此后，许多人纷纷拜杰克逊·海因斯为师。受他影响，他在荷兰的学生于1892年成立了国际滑冰联盟（International Skating Union），简称"国际滑联"。这是世界上第一个国际滑冰组织，且是现存古老的体育协会之一。

二、冰上舞蹈的基本知识

（一）冰上舞蹈的竞赛项目

冰上舞蹈是由陆地舞厅移植到冰上的一个竞技体育项目，由一男一女选手配对参赛，经过多年改革，目前包含韵律舞和自由舞两个项目。

1. 韵律舞

韵律舞是由图案舞和其他冰上舞蹈动作共同组成的。运动员应按照每年国际滑联冰上舞蹈技术委员会规定的几种韵律选择舞曲创编一套舞蹈。韵律舞一般由规定音乐和规定韵律组成，数量不受限制。它要求选手既要完成规定的舞蹈步法和滑行图案，动作也要和音乐融为一体。在冰上舞蹈的两个项目中，图案舞只包含在韵律舞中。

2. 自由舞

自由舞是由数个不同种类的冰上舞蹈动作共同组成的，是由选手自选音乐在规定时间（4分钟 ± 10秒）内自编舞蹈，完成各种步法和难度动作的项目。自由舞要求选手用舞蹈步法和动作去表达所选择音乐的特点、韵律等。

（二）冰上舞蹈的基本滑行步法

冰上舞蹈的滑行步法是选手在滑行中利用不同的冰刀刃

和转体动作共同构筑的，有交叉步、夏塞步、华尔兹步、内勾手步、乔克塔步和捻转步等。另外，即使是同一种步法，也因所用左右脚、内刃外刃、转体方向（顺时针或逆时针）的不同而不同。所以说冰上舞蹈的步法种类繁多，难易程度也各不相同。

（三）冰上舞蹈的技术动作

冰上舞蹈的技术动作各具特色，包括舞蹈托举、舞蹈旋转、接续步和成套连续/同步捻转步等。（详见第二章）

（四）图案

图案是由规定舞围绕连续轴不同曲度的滑行线痕共同构成的。不同的规定舞图案各不相同。一部分规定舞的图案是固定不变的，也有一部分规定舞的图案是相对固定的。

▶ **冰雪小课堂**

《阿勒泰宣言》

2015年1月，中国阿勒泰国际古老滑雪文化交流研讨会举行，来自挪威、瑞典、芬兰等18国的30余位滑雪历史研究专家联名发表了《阿勒泰宣言》，意味着新疆阿勒泰为人类滑雪最早起源地的说法首次得到国际公认。

第二节　冰之"舞"装
——冰上舞蹈的比赛配备

一、冰鞋、冰刀

冰鞋号称"冰上的风火轮"。由于冰上舞蹈的动作难度大，对稳定性要求较高，因此要选鞋靿硬且高、能够起到保护踝关节作用的冰鞋，防止受伤。

冰鞋的冰刀又称为花刀，刀刃较宽，中间有沟槽，刀体弧度比较大，便于完成小半径转弯，实现各种复杂的步法。冰刀是以螺丝固定在鞋底的，前端都有刀齿。刀齿的作用不在于为滑行助力，而是为起跳蹬冰以及落下、旋转等动作提供制动。刀齿又分为小齿和大齿，小齿适用于复杂步法更多的比赛，而大齿有利于旋转、跳跃等动作。

和花样滑冰其他项目不同的是，冰上舞蹈的冰刀后部要短一英寸（1英寸=2.54厘米），主要是为了满足舞蹈表演时双人近距离配合和精细步法。另外，高水平的选手通常都会定制自己的冰鞋和冰刀。

二、舞台服装

冰上舞蹈的美，不仅表现在技术姿势美，还表现在仪态之美、舞台服装之美。由此可见，服装已经成为选手们比赛不可或缺的组成部分。它的色彩选择、搭配和设计与音乐特点、舞蹈风格息息相关，对冰上舞蹈的表演效果具有重要作用。

随着冰上舞蹈项目的不断发展，选手们参加比赛的服装也跟着与时俱进。一般选手都是根据选曲的风格，来挑选最适合参加节目的服装。比如：在北京冬奥会上，中国选手王诗玥/柳鑫宇就以一身以山水画为主题的青绿色比赛服惊艳全场，在奥运舞台上完美展现了深厚的中国文化。其服装创意灵感来自传世名画《千里江山图》，再绘上中国古典纹样，取青山绿水的意象，令人赏心悦目。

在日常训练、练习时，通常建议穿紧身、柔软、弹性较大的长袖、长裤。

▶ 冰雪小课堂

如何选择合适的冰上舞蹈服装

首先，要考虑安全性。出于舞蹈节目编排的需要，选手常常要穿着飘逸的拖着长长裙摆的衣服，很容易缠绕或绊倒演员。大量的托举动作对服装的要求也很严格。

其次，要注意突出节目所展现的时代背景和民族文化。不同时期、不同民族的服饰会给节目增加更多亮点。

三、音乐

音乐是冰上舞蹈表演中的核心因素之一，选手必须了解诸如音乐的节奏、节拍、小节、韵律和旋律等相关的音乐基础知识，同时还要对音乐有深刻的理解，并能用恰当的动作来表达音乐主题。由于冰上舞蹈对舞蹈、音乐旋律的要求和重视程度很高，因此选手自选音乐时也需要精挑细选。一般情况下，在考虑自身的技术特点、表演风格和个人喜好的情况下，选手所选音乐最好具有主题鲜明、演奏乐器丰富、节奏节拍段落清晰合理等特点。

第二章

冰上练习

　　一般来说，冰上舞蹈的基本技术动作主要由旋转、托举、步法和舞姿等组成。本章将主要介绍冰上舞蹈各种基本技术动作的含义及其要领。

第一节　冰上舞蹈
基本技术动作之旋转

一、旋转

在花样滑冰中，旋转是基本的技术动作。冰上舞蹈中也有旋转。通常冰上舞蹈中的旋转是指由男女选手共同完成的旋转，不限握法，但要求每个人用单足围绕一个共同旋转轴在一点上完成，两人必须用单足完成至少连续3周旋转。

按基本姿势划分，旋转共分为直立姿势、蹲踞姿势和燕式姿势3种，其具体技术要求和单人滑、双人滑类似。

（一）直立姿势

直立姿势指的是滑腿伸直或微屈的任何非燕式的旋转姿势。单足直立旋转，注意进入方式是：右脚出刀滑出一个弧度。左脚的前脚掌做支点旋转，身体重心在左前脚上。

①

②

③

直立姿势分解示范图

（二）蹲踞姿势

　　蹲踞姿势指的是滑腿的大腿部分平行于冰面或与冰面的夹角小于90°的旋转姿势。需要注意的是：髋部低于膝关节，起立时必须单脚。蹲踞姿势可以分为3种类型：浮腿向前、浮腿在旁和浮腿向后。

（三）燕式姿势

　　燕式姿势指的是浮腿向后，膝部高于髋部水平的旋转姿势。需要注意的是：左前外弧线进入旋转，浮腿需抬到90°，重心放在旋转脚上。根据肩部线条方向与冰面的角度来进行难度判断。

　　根据旋转的姿势，燕式姿势又可分为以下两种：①舞蹈旋转，不改变基本姿势；②联合旋转，有基本姿势变化。根据在旋转中是否有换足，燕式姿势还可分为以下两种：①换足旋转/换足联合旋转；②不换足旋转/不换足联合旋转。

二、联合旋转

　　联合旋转指的是在上一种旋转之后，两人同时完成换足，并继续旋转。

　　在联合旋转中，两人必须用单足至少完成3周旋转，然

联合旋转示范图

后同时完成换足，继而在另一只脚上完成3周旋转。在换足时，双足转动不得超过半周。

▶ **冰雪小课堂**

在韵律舞中，规定动作不包括舞蹈旋转，但允许两人相握围绕一个共同轴心用单足（或双足）做任何周数的旋转动作。选手可以将这样的动作作为节目编排的一部分。

在自由舞中，只要求一个舞蹈旋转（从旋转和联合旋转中选择）。即使允许做一个附加的舞蹈旋转（编排旋转），但只有第一个旋转会被确认并考虑其难度等级。而编排旋转只作为一种好看姿态的旋转用于编排动作，并对其难度等级不进行判定。

第二节　冰上舞蹈
基本技术动作之托举

托举是冰上舞蹈最具代表性的动作，一般是指男女选手在滑行中，以某一种连接方式，男伴将女伴托起至空中某一高度后，女伴完成各种姿势和动作，再落到冰上的过程。本节将以常见的男选手托举女选手为例进行说明。

托举根据滑行动作的图案不同可分为：原地托举、直线托举、弧线托举、联合托举。

原地托举示范图

▶ 冰雪小课堂

冰上舞蹈托举要求

（1）双人滑中也有托举。与双人滑中的托举不同的是，冰上舞蹈中的托举不能超过男伴的头部。

（2）在冰上舞蹈的托举中，任何转体、姿势和姿势变化都是被允许的。

（3）冰上舞蹈的托举应该能体现音乐的表达效果，并用优美的方式进行表演，不能有明显的杂技动作、笨拙的动作以及不高雅的动作与姿势。

根据持续时间的不同，托举又分为短托举和长托举两种。

托举虽然主要依靠男选手的托举动作与滑行方式来呈现不同形式，但女选手在空中的姿势以及难度动作也是相当重要的。冰上舞蹈中，只有托举舞伴的手（起支撑作用）不超过头部，且至少在空中保持3秒，才能被承认是托举动作。

一、短托举

短托举要求托举时间不超过7秒。它分为原地托举、直线托举、弧线托举、旋转托举4种。

（一）原地托举

原地托举是指男选手站在原地进行的托举动作，在此过程中，可以有旋转动作，但不能发生位移。

（二）直线托举

直线托举是指男选手在托举时按照直线滑行的托举动作。

（三）弧线托举

弧线托举是指男选手在托举时按照弧线滑行的托举动作。

弧线托举示范图

（四）旋转托举

旋转托举是指男选手在托举时需要进行捻转移动的托举动作。

二、长托举

长托举要求托举时间不超过12秒。它分为双向托举、蛇形托举和联合托举3种。

（一）双向托举

双向托举是由两个方向的旋转托举组成，要求每个方向至少3秒。

（二）蛇形托举

蛇形托举是由两个方向的弧线托举组成，要求每个方向至少3秒。

（三）联合托举

联合托举是指任选两种短托举结合在一起所呈现的托举形式。

在冰上舞蹈比赛中，动作的难度技巧并不是一套节目发挥完美的主导因素，只有将动作、舞蹈步法和音乐节奏融为一体，才能呈现出美轮美奂的高超表演效果。

在冰上舞蹈比赛中，创编舞可以做1个短托举，但不超过2个，且每个短托举的时间不超过6秒。自由舞中可以做3个不同种类的托举，其中可以自选一个时间不超过12秒的长托举。

第三节　冰上舞蹈
基本技术动作之步法

　　步法是指男女选手在冰上单足滑行、换足、变刃和转体的组合，如"3"字步或勾手步等。在《单人滑双人滑》分册中，我们已经讲过花样滑冰的基本步法。这些步法也同样适用于冰上舞蹈项目。

　　本节将着重介绍冰上舞蹈规定舞中的一些常用步法。

一、基本步法

（一）夏塞步

　　夏塞步，是指原滑足冰刀平行于冰面抬起后再落在新滑足旁侧继续滑行，相当于原地踏了一步。识别夏塞步的要点其实很简单，即抬腿、并足和轻蹬，新的一步并到原来滑足的旁边（而不是交叉到前或后）蹬下去。选手向前滑叫前夏塞步，向后滑叫后夏塞步，其目的是为了合拍或创造一瞬间的空隙。夏塞步是非常好的热身练习，在上冰时可以进行膝盖和脚腕的热身，降低受伤的风险。做夏塞步时使用脚跟位置蹬冰。冰上舞蹈韵律舞中有很多夏塞步。

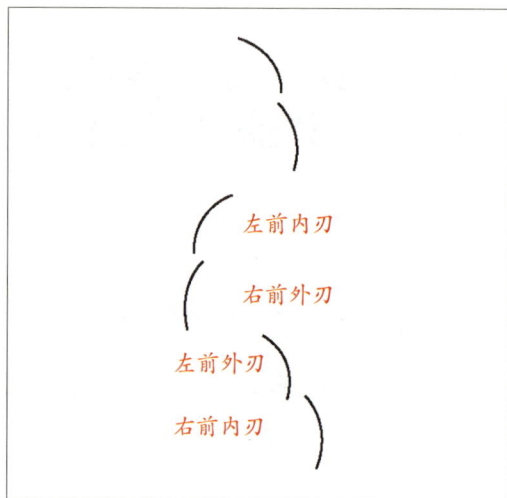

左前内刃

右前外刃

左前外刃

右前内刃

夏塞步

1. 交叉夏塞步

交叉夏塞步是指在做夏塞步向前滑行时，浮足做后交叉放在冰面上，或在做夏塞步向后滑行时，浮足做前交叉的步法。

2. 滑动夏塞步

滑动夏塞步是指在做夏塞步向前滑行时，浮足在前方滑离冰面，或在做夏塞步向后滑行时，浮足在后方滑离冰面的步法。

（二）刀齿步

刀齿步即利用刀齿行进的步法。它是一种没有跳跃动作，由一个刀齿到另一个刀齿的步法。最明显的是选手在冰面上小跑。

刀齿步经常出现在快步舞中，基本上每个快步舞中都有大量的刀齿步。

（三）摇滚步

摇滚步是指男女选手两只脚连续以内外相同的用刃（内—内或外—外）滑行，滑出相反的弧线，身体也随之左右摇摆的步法。常见的摇滚步有摆动摇滚步和交叉摇滚步。交叉摇滚步是指选手向前滑行时浮足做前交叉，向后滑行时浮足做后交叉。因为绝大多数摇滚步都是交叉的，所以很多时候人们直接把交叉摇滚步简称为摇滚步。

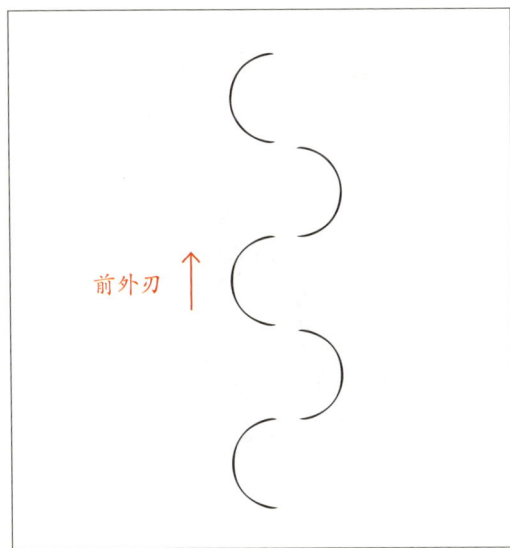

前外刃 ↑

摇滚步

　　识别摇滚步的方法很简单，只要男女选手有同一方向上用刃的交替，就是摇滚步。它经常会在探戈、斗牛舞等西班牙风情舞蹈中出现。

①

②

③

④

⑤

摇滚步分解示范图

（四）莫霍克步

莫霍克步是指由一只脚到另一只脚的步法，两只脚用刃内外相同（内—内或外—外）、前后相反（前—后或后—前），滑入滑出弧线方向相同，换足由外刃到外刃，或内刃到内刃。莫霍克步是一种基本的步法，有开式莫霍克步、闭式莫霍克步、摆动莫霍克步。

1. 开式莫霍克步

开式莫霍克步是指浮足的足跟放在滑足内侧的冰面上，两脚的踝关节间距自由。当身体重心转移后，新浮足的位置应立放在新滑足足跟后方。

①

②

③

开式莫霍克步分解示范图

2. 闭式莫霍克步

闭式莫霍克步是指选手浮足的足背保持在滑足的足跟部，浮足在滑足足跟后方的冰上。当身体重心转移后，新的浮足位置应放在新滑足前方。

①

②

③

④

⑤

⑥

闭式莫霍克步分解示范图

3. 摆动莫霍克步

摆动莫霍克步是指选手在开式或闭式莫霍克步中，浮腿紧靠滑腿向前摆，然后再回到滑足并完成动作。

①

②

摆动莫霍克步分解示范图

冰雪小课堂

什么是开式舞姿、闭式舞姿？

开式舞姿是指男选手的右侧身体与女选手的左侧身体紧密贴靠，身体的另一侧略向外展开，成"V"形站立或行进的身体位置。

闭式舞姿也叫合对位舞姿，其中"合"是指男女选手双手交握，"对位"是指男女选手面对面。闭式舞姿也就是男女选手面对面双手扶握的身体位置，是常见的舞姿之一。

（五）乔克塔步

乔克塔步是指一种由一只脚到另一只脚的转体步法，其滑入和滑出的弧线方向是相反的。乔克塔步的换足是由外刃到内刃，或由内刃到外刃。除非在舞蹈图案上有特殊规定，一般浮足应靠近滑足放在冰面上，滑入和滑出的用刃弧度应当相同。乔克塔步是一种有难度的步法，有开式乔克塔步、闭式乔克塔步等。

很多韵律舞中都有乔克塔步，比如伦巴中就有两个非常著名的连续乔克塔步——从左前内到右后外再到左前内，是整支舞蹈中的亮点。

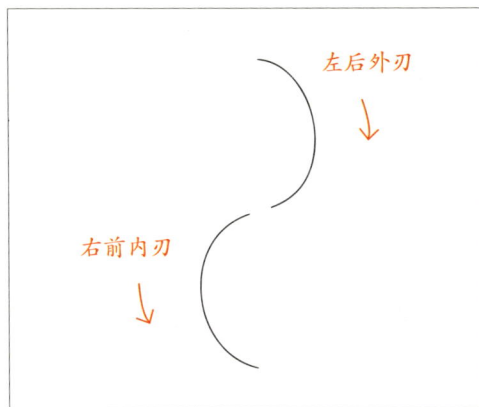

左后外刃

右前内刃

乔克塔步

1. 开式乔克塔步

开式乔克塔步是指选手的浮足放在滑足内侧冰面上的一种乔克塔步。选手重心移动后，要立即将新的浮足放在新的滑足足跟后方。

①

开式乔克塔步分解示范图

2. 闭式乔克塔步

闭式乔克塔步是指选手浮足的足背保持在滑足足跟部，直到浮足在滑足足跟后放在冰面上的一种乔克塔步。重心转移后，新浮足足尖应立即放于新滑足的前方。

①

②

③

④

⑤

闭式乔克塔步分解示范图

3. 摆动乔克塔步

摆动乔克塔步是指选手在做开式或闭式乔克塔步时，浮腿紧靠滑足向前摆动，然后再回到滑足完成动作。

这两种步法无论是在韵律舞中，还是在目前步法中，都比其他几种步法占有更重要的地位。

摆动乔克塔步示范图

二、接续步

接续步是由多种不同转体和步法共同组成的一套特定滑行图案。它可根据滑行图案的不同分为以下两种：①直线接续步，包括中线接续步和对角线接续步；②弧线接续步，包括圆形接续步和蛇形接续步。冰上舞蹈中的接续步也可以从类别、组别以及难度3个维度来进行区分。

（一）冰上舞蹈接续步的类别

从类别维度划分，冰上舞蹈接续步可以分为不接触接续步和相握接续步。

1. 不接触接续步

顾名思义，不接触接续步是指男女选手在滑行过程中身体不直接接触。但事实上不接触接续步仍然要求两名选手距离紧贴，两人之间距离不能超过两个臂长。如果男女选手相隔太远，就不符合冰上舞蹈运动的特点了。

①

②

③

④

不接触接续步分解示范图

在不接触接续步中，如果男女选手滑行的步法相同，则称之为影式滑行；如果两人滑行的步法相对，则称之为镜式滑行。

2. 相握接续步

相握接续步是指男女选手在整套步法过程中始终保持身体接触，手拉手，只有更换握法才允许短暂分离，且分离时长不得超过1个音乐节拍。

相握接续步分解示范图

（二）冰上舞蹈接续步的组别

从组别维度划分，冰上舞蹈接续步可以分为直线接续步和弧线接续步。

1.直线接续步

直线接续步是指选手按照直线滑行的接续步。在直线接续步中，两名选手的距离不得超过两个臂长，但不能相连。按滑行路线的不同，直线接续步又可分为中线接续步和对角线接续步。

中线接续步一般要求男女选手沿冰场长轴中线进行足够长度的滑行。该接续步应该是具有难度的镜式滑行或影式滑行，并与捻转步相结合。中线接续步也允许选手按照冰场的短轴滑行，但一定要充分利用整片冰场。

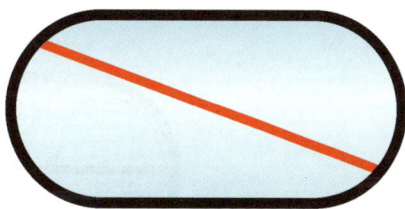

对角线接续步则要求选手沿冰场的一角到相对一角滑行。两人要自始至终保持华尔兹式、探戈式或狐步式连接，不允许分离。

中线接续步　　　　　　　　　对角线接续步

以上两种直线接续步中不允许有托举、旋转动作，也不允许变化图案，但允许有不超过半周的小跳。

2. 弧线接续步

弧线接续步是指选手按照弧线滑行的接续步，可以按顺时针或逆时针方向滑行。弧线接续步又可分为圆形接续步和蛇形接续步。

圆形接续步要求以整片冰场短轴为直径，充分利用冰面宽度滑行出圆形形状。

圆形接续步

蛇形接续步则要求以整片冰场长轴为轴，从长轴的一端滑入，滑行出2~3个"S"形大弧线，结束时从冰面长轴的另一端滑出，充分利用整个冰面的宽度。

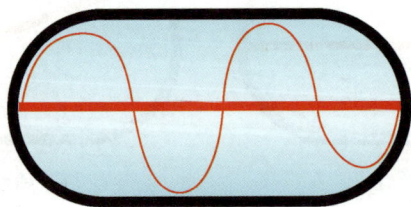

蛇形接续步

什么是场地轴?

花样滑冰中的专业术语——场地轴,其实就是运动员在冰场冰面上滑行的一条线。场地轴是为平时训练方便在冰场场地的不同方位所划定的几条想象中的线。

长轴:是一条沿横轴方向将冰面分成两半的直线(中线)。

短轴:是一条沿纵轴方向将冰面分成两半的直线。

连续轴:是一条环绕冰面、以舞蹈图案为基础的想象的线。通常连续轴由两条平行于冰面长轴的连续线组成,位于长轴与冰面一侧之间;这些线在每个半圆的终点连接,而这些半圆在某些舞蹈中变得平直,这样它们就平行在冰面上首尾相接。在圆形的舞蹈中,如基里安舞,连续轴几乎是一个圆。

横轴:是一条与舞蹈连续轴成直角关系的想象的线。

3. 联合接续步

联合接续步其实就是直线接续步和弧线接续步组合而成的接续步,如单足滑行的圆形接续步。

（三）冰上舞蹈接续步的难度

冰上舞蹈接续步按照难度级别，可以分为B类型、C类型。

少年（基础级、中级、高级）自由舞（包括相握的直线或弧线接续步）：B类型。

青年韵律舞（一个相握或不相握，或两者结合的接续步）：B类型。

成年韵律舞（一个相握或不相握，或两者结合的接续步）：B类型。

青年和成年自由舞：B类型。

成年韵律舞（一个图案舞类型接续步）：C类型。

接续步的定级标准，在于一定要牢记冰上舞蹈接续步滑行的图案，无论是直线、圆形还是蛇形都要交代清楚。

三、捻转步

捻转步是单足转体一周或多周的滑行动作，是转体快而连续的动作，选手转体过程中必须在冰上滑行。转体可以是顺时针或逆时针方向。转体时重心应保持在滑足上，浮足紧靠在滑足的一侧，做好滑出的准备。冰上舞蹈捻转步可分为双人同步捻转步、连续捻转步和联合捻转步。

双人同步捻转步是冰上舞蹈中一种特殊的技术动作，是由至少2个捻转步组成的一套捻转步法，每个捻转步至少转体1周。冰上舞蹈中的捻转步主要看男女选手捻转步的难度以及是否同步。如果在完成过程中动作停止，捻转步就被判定为旋转。

连续捻转步中的2个捻转步之间，只允许有1个不超过

①

②

③

④

⑤

双人同步捻转步分解示范图

半周的步法连接，而双人同步捻转步中的2个捻转步之间，只允许最多有3个小步法连接。

联合捻转步是指男女选手每人至少2组捻转步，捻转步之间最多1步连接。

捻转步有4种不同的进入刃方式，分别是前内刃、前外刃、后内刃和后外刃。捻转步之间不允许身体接触，男女选手分别评定等级。

第四节　冰上舞蹈
基本技术动作之舞姿

在冰上舞蹈项目中，男女选手会配合完成各种动作，除了前面讲到的各种技术动作之外，滑行中的舞蹈姿势也有非常具体的技术要求标准。在正式比赛中，所有舞蹈姿势都能在裁判手册中找到相应的记录和评判。

下面是冰上舞蹈中常见的一些舞蹈姿势，初学者可以在日常练习中注意，并尽量增加姿势的规范性和美感。

一、手拉手式

手拉手式是指男女选手面向同一方向，肩并肩，两手相握，臂自然伸展。如无特殊规定，女选手应在右侧站立。

二、闭式或华尔兹式

闭式或华尔兹式是指男女选手彼此相对而立，一人向前滑行，另一人向后滑行。男选手右手牢固地放于同伴后肩胛下，肘部抬起，屈臂使女选手能够靠近。女选手的左手放于男选手的肩上，臂自然放松，肘部在男选手臂上相叠。男选手的左臂与女选手的右臂在肩部高度自然伸展。两人的肩部保持平行。

三、开式或狐步式

开式或狐步式的手和臂的握法、姿势与闭式或华尔兹式相同。男女选手各自稍转体向外，向同一方向滑行。

①

②

③

④

开式握法分解示范图

四、外式或探戈式

　　外式或探戈式是指男女选手面部相对，一人向前滑，另一人向后滑，不像闭式那样，男选手在女选手的左侧或右侧。但这样男选手的腹部与女选手相对应的脸部在同一条线上、髋与髋部紧靠，可能有碍于表演动作的流畅。

五、基里安式

　　基里安式是指男女选手面向同一方向，女选手在男选手的右侧，男选手的右肩在女选手的左后方。女选手的左手横过男选手身前与其左手相握，男选手的右手绕女选手身后与其右手相握。两人右手扶于女选手右髋上。

（一）反基里安式

　　反基里安式与基里安式姿势相同，只是女选手在男选手的左侧。

（二）基里安开式

　　基里安开式是指男选手的左手与女选手的左手相握，男选手的右手扶于女选手的左髋或后背部，女选手的右臂伸直。这种姿势也可以是相反的。

（三）基里安交叉式

　　基里安交叉式是指女选手的左臂伸直，于男选手身前相交叉，并与其左手相握。男选手的右臂伸直，于女选手身前相交叉，两人右手相握于女选手的髋骨前。

①

②

③

④

基里安式分解示范图

▶ 冰雪小课堂

你能分得清双人滑和冰上舞蹈吗？

很多人看表演，分不出花样滑冰中双人滑和冰上舞蹈的区别。看起来这两个项目都是一男一女在冰上滑行，但却是截然不同的两个项目。那么，到底该怎么区分这两个项目呢？

相似之处

（1）都是一男一女配合参加比赛。

（2）比赛中都需要在背景音乐下完成指定动作。例如，双人联合旋转和托举都是这两个项目中的必做动作，且滑行步法也有很多相同之处。

不同之处

双人滑与冰上舞蹈在动作内容、动作要领等方面都存在差异。如高难度跳跃、抛跳、螺旋线等动作是双人滑的特殊动作，而冰上舞蹈则偏重于舞蹈的步法、韵味和表现力，音乐感、艺术表现力和表演性都更强。具体表现为：

（1）托举：双人滑的托举强调技术难度；而在冰上舞蹈中，男选手不能把他的双手举过头顶，也不允许有太多、太高或超过一周半转体的托举。运动员在托举时，托举的难度越大，动作越多样、越流畅、越灵活，得分也就越高。裁判是根据动作的基础分值和GOE系数分来进行打分的。

（2）旋转：冰上舞蹈的舞蹈旋转是舞伴两人采用任何握法完成的旋转动作，需在一个点上围绕着一个共同的轴单足完成。双人滑的旋转分为单人旋转和双人联合旋转两种。

（3）跳跃：双人滑中跳跃动作的技术难度较高、种类较多，而冰上舞蹈中只有一定的小跳，抛掷和跳跃之类的动作是不允许的，且不允许男女选手同时跳跃。

（4）距离：冰上舞蹈项目不允许男女选手太多、太长时间的分离，冰上舞蹈搭档之间的距离不能超过2个手臂的长度。

（5）音乐：冰上舞蹈表演中，参赛者必须踩到每个音乐的节拍或节奏。同时，冰上舞蹈是当前正式竞技中唯一允许有声乐出现的花样滑冰形式。

（6）服装：双人滑由于动作难度较高，女选手往往不能穿长裙，否则会容易摔倒或干扰动作完成，而冰上舞蹈中女选手可以穿长裙。

第三章

冰峰对决

　　冰上舞蹈是花样滑冰中表演特色最浓、艺术性最强的项目，也是冬季奥运会中一项艺术与体育相结合的冰上竞赛项目。它充满了艺术美感，展现了选手们高超的技术，为观众带来视觉盛宴。那么如何正确观看一场冰上舞蹈比赛呢？本章内容将主要为初学者们讲解冰上舞蹈的比赛规则以及评分标准。

第一节　冰上舞蹈的比赛规则

冰上舞蹈比赛分韵律舞、自由舞两项，一共分两天进行。第一天进行韵律舞比赛，第二天进行自由舞比赛，最后两项比赛总分高者为胜。裁判按技术分和节目内容分为选手的每段表演打分，每个阶段的总分之和为选手们的最后得分。

冰上舞蹈的评分标准和确定名次方法与单人滑、双人滑的相同。

一、冰上舞蹈规则的演变

随着花样滑冰运动的不断发展，冰上舞蹈的比赛内容、形式和规则也在不断地调整、变化。2010年以前，冰上舞蹈比赛项目由规定舞、创编舞和自由舞3个部分组成，分3天进行比赛。比赛顺序为：第一天为规定舞，第二天为创编舞，第三天为自由舞。2010年6月，国际滑联代表大会在西班牙巴塞罗那召开，会议上代表们决定取消原有的规定舞，创编舞和自由舞不变。现在的韵律舞其实是由以往的规定舞和创编舞融合而成的。到2014年索契冬奥会时，为了缩短赛程，增加节目看点，国际滑联将冰上舞蹈的规定舞取消，比赛内容改为短舞蹈和自由舞两项。短舞蹈是对原先规定舞和创编舞的整合，是选手们根据每赛季冰上舞蹈技术委员会规定的一种舞蹈节奏旋律选择音乐所创编的一套舞蹈节目，时间为2分50秒（±10秒）。

2018年，短舞蹈又被改名为韵律舞。截至目前，国际冰上舞蹈项目一直沿用这一比赛规则，即韵律舞和自由舞两项。

冰上舞蹈规则演变图

（一）冰上舞蹈规定舞

规定舞是指选手们根据国际滑联规定的音乐、图案、步法和重复次数来完成动作。规定舞有伦巴、华尔兹、桑巴、扬基波尔卡等22个舞蹈种类，每个舞蹈种类都有其独特的动作特点和美感。

（二）冰上舞蹈创编舞

创编舞又称为定型舞，是指选手们按规定的韵律自选音乐，在规定的时间内创造舞蹈步法和滑行图案。

二、2022年北京冬奥会冰上舞蹈比赛规则

每年，冰上舞蹈选手们都会焦急地等待国际滑联公布新赛季的规则，最受关注和最令选手们紧张的就是新赛季韵律选择和图案舞步法的规定。

比如，2022年北京冬奥会，冰上舞蹈韵律舞的规定是：图案舞为《午夜蓝调》，韵律包含多种风格。冰上舞蹈韵律舞和自由舞竞赛规则如下表所列。

冰舞项目	规定动作	时间	晋级
韵律舞	一个图案舞，一个短托举（不超过7秒），一个图案接续步，一个直线接续步（相握、不相握或二者皆有），一套联合捻转步	2分40秒	前20名
自由舞	三个不同类型的短托举或一个短托举和一个联合托举，一个舞蹈旋转，一个相握接续步，一个单足接续步（不相握），一个同步捻转步，选择三个不同类型的编排动作	4分钟	决赛

▶ 冰雪小课堂

奥运会的新周期

为了提高电视转播等收入并使其规律化，同时也为了减轻各代表团一年两次征战奥运会的负担，1986年国际奥委会决定从1994年起将夏奥会与冬奥会的举办时间错开，在同一年里既举办夏奥会又举办冬奥会的历史结束。新的举办周期是以两年为间隔，交叉举办夏奥会和冬奥会。

第二节　韵律舞的比赛要求

韵律舞既有看点，又是冰上舞蹈比赛中难度最大的项目。在韵律舞比赛中，选手们既要关注韵律和图案舞的要求，还要关注接续步的要求。

一、韵律要求

每年国际滑联都会规定一些韵律，如华尔兹、布鲁斯、快步舞等。选手在选择韵律舞音乐时，必须符合所给的韵律。例如2020—2021赛季，国际滑联规定的韵律如下：快步舞、布鲁斯、进行曲、波尔卡舞曲、狐步舞、摇摆乐、查尔斯顿舞、华尔兹。选手可以选择其中一种或多种韵律，但必须都符合国际滑联这个赛季的规定。另外，选手可选择的韵律数量不限，可选择的曲目数量也不限。例如2021—2022北京冬奥赛季：

国际滑联挑选的主韵律为街舞，在此韵律范围内，选手可以选择Hip-Hop、Disco、Krump、Popping、爵士、摇滚以及布鲁斯，且至少要选择以上两种韵律来完成他们的韵律舞。

二、图案舞要求

在冰上舞蹈比赛中，舞蹈步法是比赛的精髓，选手既要有足够的滑行技巧，也要保证每一步的滑行都能和音乐节奏完美融合。从冰上舞蹈比赛的难度来看，图案舞对选手的要求最高、难度最大。

在韵律舞中，男女选手要分别完成一套图案舞步法。图案舞就是冰上舞蹈韵律舞中固定的步法组合。国际滑联规定的图案舞种类有美国华尔兹、阿根廷探戈、澳大利亚华尔兹、布鲁斯、恰恰等。每年国际滑联都会规定一种图案舞步法，规定选手滑行的图案及步法要求。

国际滑联为选手选择规定的图案舞，就意味着选手在滑行中必须按照规定的图案节拍要求滑行。例如2020—2021赛季规定的图案舞是芬兰快步舞，那么选手选择的图案舞背景音乐需要满足每分钟104拍的规定，允许存在正负两拍的节拍误差。

（一）图案舞的规定图形

在每个不同的赛季，选手们都要根据国际滑联规定的图案舞图形来进行训练。那么，图案舞的规定图形应该怎么看呢？接下来，我们就来解读一下图案舞规定图形上的重要信息。这里以2020—2021赛季的规定图案舞——芬兰快步舞为例。

下图为芬兰快步舞女选手滑行图案（部分），从图中标记的Start（开始）位置和方向开始，选手正式进入图案滑行。

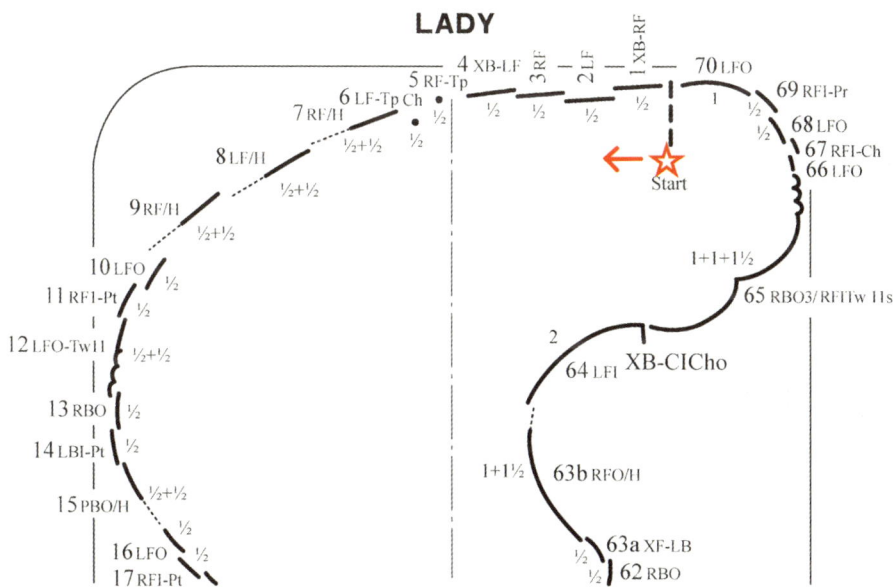

芬兰快步舞女选手滑行图案（部分）

步法线条外侧标记的数字（从1开始）代表的是滑行的第几步。步法线条内侧标记的数字代表的是该步法需要滑行的节拍，如2代表这一步滑2拍，1/2代表这一步滑半拍。

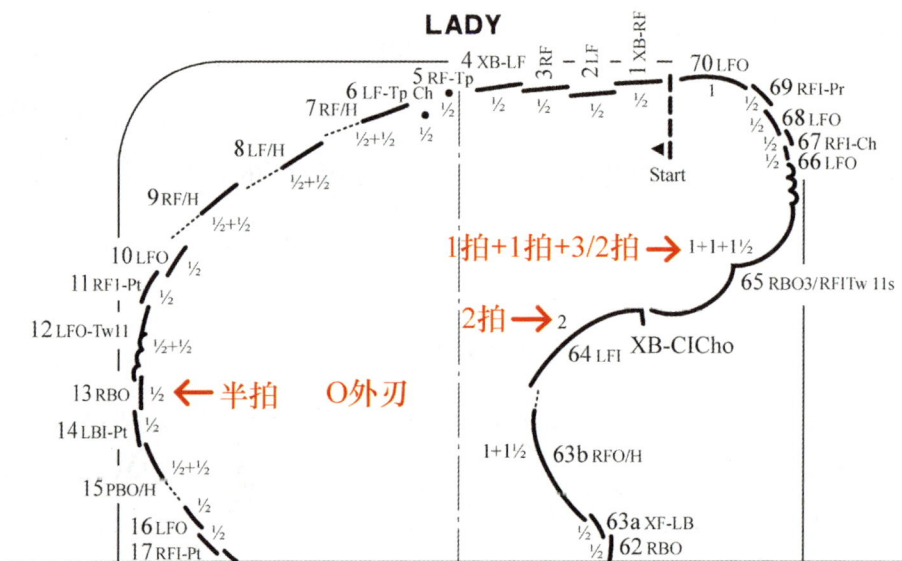

滑行节拍示意图

除此之外还有一些复杂的字母。例如：R（Right）和L（Left）分别代表右脚和左脚；F（Front）和B（Back）分别代表用刃为前刃、后刃；I和O分别代表用刃方向为内刃、外刃。Tw（Twizzles）则表示捻转步。

由此，选手可根据图案知道每一步必须怎么滑。比如根据第70步的标记：70LFO，表示第70步必须用左前外刃滑行，1代表滑1个节拍。

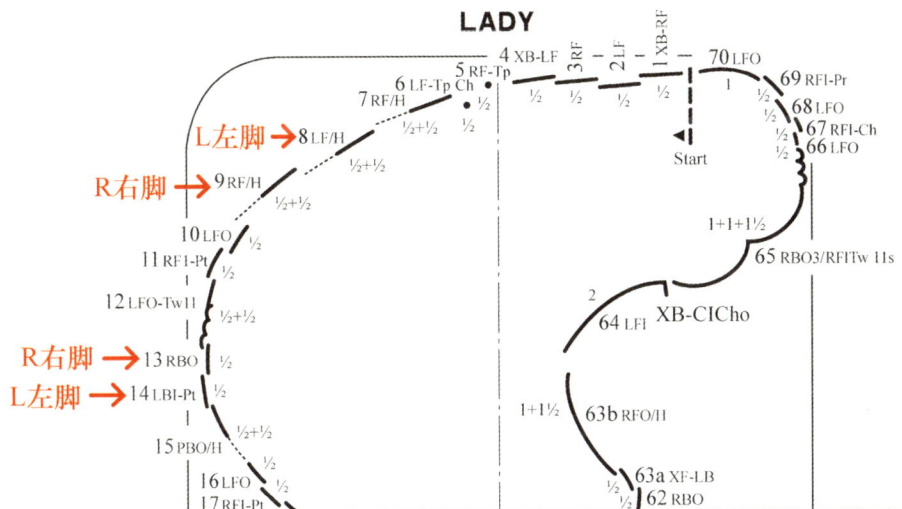

左脚和右脚示意图

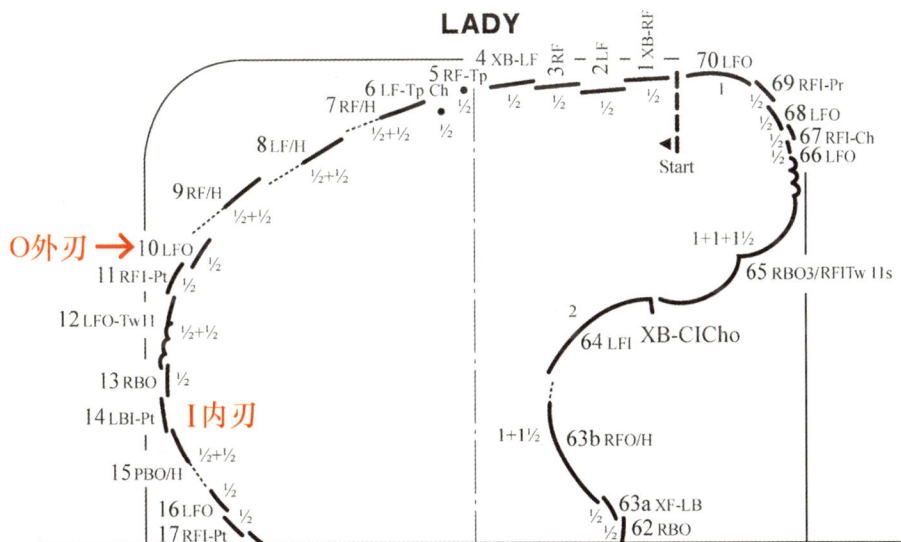

外刃和内刃示意图

其他类型的图案舞，也同样可以按照上述标记进行理解。这样，图案舞的规定图形我们就能轻松看懂了！

（二）图案舞的关键点

由于不同图案舞的规定图形差异很大，且同一图案舞男女选手的滑行图案也不同，步法步骤又甚多，为了提高效率和明确定级标准，每个图案舞在滑行过程中都有4个关键点（即kp，Key Points的缩写）。

例如，在芬兰快步舞中，女选手的第20步和第21步为其第一个关键点；男选手的第20步和第21步为其第二个关键点。

男女选手每段图案舞种都有4个关键点，每个关键点错一个就会降级。每一个细节都有详细的左右脚以及内外刃的规定。4个关键点都要求选手步法正确、用刃准确，甚至自由腿的位置都要准确。

（三）图案舞的评分规则

每一个关键点正确将获得1个"Y"标识，任意一个关键点出错则会获得1个"N"标识。例如，某队冰上舞蹈选手的评分为：

1TR3+kpYNYY

上述标识的意思是：第一个图案舞为Tango（探戈），定级为3级。关键点中第二个步法为"N"，即错误；其余三个为"Y"，均为正确。

▶ **冰雪小课堂**

冰上舞蹈图案舞的定级

1FS4+kpYYYY　　4级4Y

1TR3+kpYNYY　　3级3Y

1FS2+kpYNYN　　2级2Y

1FS1+kpNNYN　　1级1Y

注意：冰上舞蹈图案舞的定级取决于4个关键点的完成情况。一套图案舞4个关键点全都是Y才能定为4级，每少一个Y就降1级。

在规定图案舞中，男女选手必须都完成至少75%的步法要求才能得到基础分值，否则就被直接定为0级，没有分数。例如在芬兰快步舞中，规定男女各70步，每人需要完成至少53步才能定级，才能获得分数。

除了基础分，图案舞还能得到GOE加分。GOE即执行分，也就是根据每个动作的实际完成情况给予一定程度的附加值。在图案舞中，用刃深、动作完成质量高、滑行流畅，都有可能获得加分。两人距离紧贴、最大限度利用冰面等都对应一定权重，满足不同权重均具有相应的执行分加分情况。与之相反，也有不同要求来进行扣分。以北京冬奥会韵律舞《午夜蓝调》为例：要求每分钟节拍在86~96之间；有规定好的滑行图案，选手需要完成第5~14步的步法作为图案舞。这10步详细规定了选手的滑行腿、滑行方向、步法以及用刃和浮腿情况。

《午夜蓝调》男女选手图案舞步法图例

前面已经介绍过冰舞图案舞的滑行要求，那么，《午夜蓝调》的图案舞要求你能看明白吗？

根据图案舞定级标准，《午夜蓝调》第5~14步这10步，男女选手至少都要准确完成8步才能定级，获得评分。如果有一位选手没有完成好8步，该组便无法获得定级，即没有分数。由此可见，冰上舞蹈图案舞的难度之大。

《午夜蓝调》图案舞的4个关键点：

（1）女选手第7步：右后内刃滑行2拍，浮腿由前向后。

（2）男选手第7步：左前外刃滑行2拍，浮腿由后向前。

（3）男选手第11步：右后外转三—右前内刃括弧步—右后外变刃—右后内内勾步。

（4）女选手第12~13步：前交叉呈左后内刃—1圈捻转步—右后外刃—左前外刃。

要求：准确地用刃、变刃和步法转体。

三、接续步要求

（一）图案接续步要求

冰上舞蹈韵律舞中除了最主要的图案舞，还包括一个图案接续步。图案接续步和图案舞不同。图案舞侧重于选手所完成的步法总数，尤其是注重图案中4个关键点的节奏和步法。而根据国际滑联的官方解释，图案接续步则侧重于整体图案，即滑行图案的形状，如直线、圆形、蛇形等，中间不会规定每一步的步法，但是最终滑出的路线应符合要求。此外，不同于图案舞只出现于韵律舞中，接续步不仅出现在韵律舞中，其在自由舞中也十分重要。

图案接续步（Style C）要求：

（1）不允许停顿（除接续步开始阶段）。

（2）不允许两人分离。

（3）不允许后退与Loop（结环）转体。

（4）不允许相握时两人手臂伸直。

（二）直线接续步要求

在韵律舞中，选手还需要把各种难度步法拼凑在一起做一套直线接续步，只不过这套直线接续步不同于图案舞和图案接续步，选手不会每步都被安排好。比如：北京冬奥会周期规定的接续步为B类型的直线接续步，可以是中线接续步（长短轴均可），也可以是对角线接续步，但滑行的路线必须与之前的图案舞和图案接续步不同。

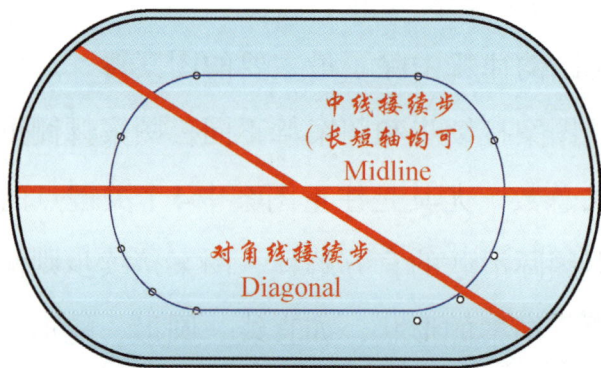

B类型的直线接续步

直线接续步（Style B）要求：

（1）最多1次停顿，且不超过5秒。

（2）不允许双臂完全伸展相握。

（3）两人分开距离不得超过两个臂长。

（4）可触碰冰面移动。

（5）不允许后退与Loop转体。

第三节 自由舞的比赛要求

冰上舞蹈自由舞的选择空间相对于韵律舞要宽松许多。其比赛要求如下：

（1）自由舞的所有音乐，包括古典音乐，必须经过剪切/编辑，编写或编曲成有趣的、色彩丰富的、令人愉快的、具备不同舞蹈情绪或一种有构建层次效果的音乐。必须至少有一次明显的速度/节奏和表达的变化：这个变化可以是逐渐的也可以是突然的，但必须是明显的。可以是声乐，但必须适合冰上舞蹈作为一项竞技体育项目。必须具有可辨识的节奏和旋律，或可以只有可辨识的节奏，但不能只有旋律。

（2）在技术动作方面，除了规定的必须完成的动作之外，选手可以根据自己的特长任意发挥，但不允许做双人滑动作。

（3）从托举来看，选手可以选择3个不同类别的短托举，或者一个短托举和一个联合托举。这里的短托举需要与联合托举里的类别不同。

（4）同步捻转步包含2组捻转步，中间必须有身体接触，中间可以用2~4步来衔接。

（5）一套不相握的单足转体步接续步，单足转体步接续步是冰上舞蹈自由舞里独有的技术动作，每人用单足完成难度转体步并且必须同时开始第一个难度转体步。其他难度转体步不必同时进行。

（6）在编排动作方面，可以选择3个不同类型的编排动作：编排托举、编排旋转动作、编排辅助跳跃、编排捻转动作、编排滑行动作、编排特色接续步、编排匍匐滑动作。

关于编排动作有如下释义：

（1）编排托举。持续最少3秒和最多10秒的舞蹈托举，在规定的舞蹈托举后完成。

（2）编排旋转动作。编排旋转动作可以在节目中任何位置完成，舞伴两人相握至少完成3圈持续的旋转。必须符合以下要求：单足，或双足，或一人将另一人托起旋转少于3圈，或3种情况组合。围绕同一轴心旋转，可以位移。

（3）编排辅助跳跃。至少连续完成3个辅助跳跃动作，可在节目中任何位置完成。必须符合以下要求：至少连续完成3个（相同或不同）辅助舞伴在完成每个辅助跳跃动作时都不能转体超过1圈。被辅助舞伴离开冰面少于3秒，每个辅助跳跃之间不能超过3步，任何一方都可完成辅助跳跃。

（4）编排捻转动作。在规定的捻转动作后完成，由两部分组成。必须符合以下要求：两部分中，单足或双足或两者组合，第一部分，同时完成至少2圈的连续转体，舞伴两人必须有位移（不能在原地）。第二部分，至少一人必须完成2圈的连续转体，第一与第二部分捻转动作之间最多3步。一人或两人可在原地完成或移动或二者组合。

（5）编排滑动动作。可在节目中任何位置完成，在此期间舞伴在冰面上完成滑动动作。必须符合以下要求：舞伴两人同时用身体任何部位完成滑动动作，至少保持2秒钟。两人无须同时开始或结束编排滑动动作。可相握或不相握，或两者组合，并可以转动。有控制地用双膝或身体任何部位滑动，技术组不会判定为跌倒／违规动作。滑动停止在双膝跪地或坐或躺在冰面来结束编排滑动动作，编排滑动动作会被识别并被判定为跌倒／违规动作。舞伴两人同时完成基本的弓步动作将不能被认定为编排滑动动作。

（6）编排特色接续步。可在节目中任何位置完成，不能与节目中所选B类型接续步图案相同。必须符合以下要求：以下任何图案，对角线，从冰场的一角到另一对角；长轴线，沿着长轴线，从板墙一侧到另一侧；短轴线，沿着短轴线，从板墙一侧到另一侧；圆形，从冰场短轴线的长板墙一侧开始，在冰场短轴线的两侧分别穿过冰场的长轴线，最终在开始的板墙处结束并形成一个完整的圆形。

（7）编排匍匐滑行动作。可在节目中任何位置完成，舞伴两人同时完成匍匐滑行。必须符合以下要求：上体保持低的姿态且几乎平行于冰面，身体的核心必须明显地远离垂直轴。除浮腿冰鞋以外的身体任何部位都不可以与冰面接触，如果身体任何部位与冰面接触（除被允许的浮腿拖冰的冰鞋/脚外），接触冰面的动作可能会被认定为一个编排滑动动作。舞伴两人同时完成编排匍匐滑行动作保持至少2秒，两人无须同时开始或结束编排匍匐滑行动作。

▶ **冰雪小课堂**

如何欣赏和评定一支冰上舞蹈？

我们可以大致从技术和艺术两方面去欣赏和评定一支冰上舞蹈。

技术部分比较好判断，比如捻转时是否顺畅，两人的动作是否一致，两人是否能一直维持较近的距离，舞蹈托举和舞蹈旋转的动作是否轻松自如、体态优雅，图案舞蹈的步法、时间、动作、位置是否按规定来滑行，握法是否多变，用刃的深浅，等等。

艺术方面的标准就显得比较抽象了，主要包括舞蹈动作是否具有美感，是否能表达音乐的特征，是否能传达一种氛围、表达一种情感，等等。

第四章

冰舞之美

　　冰上舞蹈的特点是运用优美复杂的冰上舞步和舞蹈姿势来表达节目内容。无论是高技术难度的动作、优美的舞姿，还是风格各异的音乐、精彩的节目表演，冰上舞蹈都会给人带来无与伦比的视听享受。本章将着重介绍冰上舞蹈中的舞蹈、音乐等所蕴含的艺术美，让初学者感受这项运动的独特魅力。

第一节　冰上舞蹈中的舞蹈之美

冰上舞蹈比赛侧重于舞蹈，因此每一场冰上舞蹈比赛都是一次观赏性极强的视觉盛宴。同时，冰上舞蹈的选手也需要学习、积累足够丰富的舞蹈知识，培养舞蹈特长，只有这样才能更好地理解和展现冰舞之美。

冰上舞蹈有伦巴、华尔兹、桑巴、扬基波尔卡等22个舞蹈种类，每个舞种都有其独特的动作特点和美感。例如，

冰舞之美

伦巴代表婀娜柔美，华尔兹代表雍容华贵，等等。

冰上舞蹈中涉及的舞蹈种类基本上都能从图案舞中找到。本节着重介绍图案舞中的7种不同舞种。

一、华尔兹

华尔兹（Waltz），通常称"慢三步"，又称圆舞曲，是历史最悠久、生命力最强的舞蹈形式之一，最早也被称为维也纳华尔兹。华尔兹根据速度又分为快、慢两种，早期的华尔兹多为快华尔兹，后来经过发展演变又出现了慢华尔兹。其基本步法为一拍跳一步，每小节三拍跳三步。

图案舞中的华尔兹种类较多，一般包括金色华尔兹、美国华尔兹、欧洲华尔兹、星光华尔兹、威斯敏斯特华尔兹等。

二、探戈

探戈（Tango）是一种双人舞蹈，起源于非洲，后传入阿根廷，是国际标准舞大赛的正式项目之一。跳探戈舞时，男女双方靠得较近，男士搂抱的右臂和女士的左臂都要更向里一些，重心偏移，男士主要在右脚，女士主要在左脚。男女双方不对视，定位时男女双方都看向自己的左侧。

探戈伴奏音乐为2/4拍，节奏明快，独特的切分音是它鲜明的特征。舞步华丽高雅、热烈狂放且变化无穷，交叉步、踢腿、跳跃、旋转令人眼花缭乱。图案舞中的探戈主要包括罗曼蒂克探戈和阿根廷探戈。

三、布鲁斯

布鲁斯（Blues）又叫"慢四步"，是交谊舞的一种。20世纪80年代中期，被列为我国的规范交谊舞。布鲁斯舞步很简练，但举步庄重，保留着宫廷色彩和古典风韵。它的音乐节奏缓慢，舞步简单，容易掌握，适合初学者，因此被称为启蒙舞蹈。

布鲁斯也是冰上舞蹈图案舞中常见的舞种。其基本步形是由常步、横步及并步所组成的"滑动型"舞步。

四、恰恰

恰恰（Cha-Cha）是一种拉丁舞种，节奏感强，舞步花哨利落，步频较快，步法干脆，不拖泥带水，在国际标准舞拉丁系列中最年轻也最受欢迎。同时，恰恰舞的曲调欢快而有趣，音乐很容易辨认；舞步和手臂动作配合紧凑，使舞者能够制造出俏皮活跃的气氛。对初学者来说，要选用一些慢速的舞曲进行练习。

恰恰也是冰上舞蹈图案舞中常见的舞种。其基本步形有追步、锁步、定点转步、纽约步、右陀螺转步、闭式扭胯转步、开式扭胯转步、右分展步、左分展步、交叉基本步、古巴断步等。

五、芬兰快步舞

芬兰快步舞（Finnstep）是一种节奏快、步子碎的舞蹈，是最难的图案舞之一，非常考验选手的音乐感。芬兰快步舞因将芭蕾舞的一些小跳动作融合在内而显得更加轻快灵巧，更具技巧性和艺术魅力。

芬兰快步舞在体育舞蹈中属于侧行运动，所以在跳快步舞的过程中要注意这种侧行运动的方式。芬兰快步舞是摆荡加快速移动，既要跟上节奏又要使动作不变形，所以要注意重心移动和摆荡的运用。

芬兰快步舞的基本步形有直角转步、右旋转步、右转蹰蹰步、右轴转步、直行追步、进锁步、退锁步、交叉追步、换向步、双左旋转步等。

六、波尔卡

波尔卡（Polka）是一种捷克民间舞蹈。其舞曲节奏大致分为急速、徐缓和玛祖卡3种类型，节拍一般为2拍，节奏活泼跳跃，在第二拍的后半拍上常做稍微停顿的装饰性处理。至今，随着新潮舞蹈形式的冲击与时代的发展，波尔卡已经没有原先流行了。

七、伦巴

伦巴（Rumba）是西班牙文Rumba的音译，也被称为爱情之舞，是拉丁音乐和舞蹈的精髓和灵魂。伦巴源自非洲，流行于拉丁美洲，后在古巴得到发展，所以又叫古巴伦巴。伦巴舞的舞姿迷人，步法曼妙，舞态柔媚，给人一种若即若离的挑逗感，是表达男女爱慕之情的一种舞蹈。引人入胜的节奏和身体表现使得伦巴成为最受大众喜欢的舞蹈之一。

伦巴也是冰上舞蹈图案舞中常见的舞种。其基本步形有扇形步、右陀螺转步、定点转步、开式扭臀步、绳索旋转步等。

第二节　冰上舞蹈中的音乐之美

　　冰上舞蹈韵律舞对韵律有特别的要求，国际滑联每个赛季都规定有相应的韵律。例如，2021—2022北京冬奥赛季的韵律为Hip-Hop，其中包括很多种不同曲风的韵律。中国选手王诗玥/柳鑫宇参赛韵律舞的韵律就是由布鲁斯和Hip-Hop组成的，音乐来自猫王的两段歌曲汇编。

舞蹈之美

在介绍这些韵律之前，本节我们首先了解一些音乐的基本常识，包括音符，时值，节拍，节奏，音高，旋律，小节，强拍、弱拍，等等。

一、基本的音乐常识

（一）音符

音符是用来记录不同长短音的进行符号，不同的音符表示不同的时值。常用的音符有全音符、二分音符、四分音符、八分音符和十六分音符。

音乐表现力

（二）时值

时值也称为音符值或音值，在乐谱中用来表达各音符之间的相对持续时间。

（三）节拍

节拍是一首音乐划分出的具有规律性反复特征的固定标记。节拍是指相同时值强拍和弱拍的有规律出现。

（四）节奏

节奏是指每一分钟按小节或拍子规定的音乐的速度，在音乐运动中音的长短和强弱有规律地进行。

（五）音高

声音有高低之分。音高即音的高度，是指各种音调高低不同的声音。

（六）旋律

旋律是由许多音乐基本要素，如调式、节奏、节拍、力度、音色、表演方式方法等，有机结合而成的。人们习惯上所说的旋律其实指的是曲调。

（七）小节

小节就是节拍的单位。在音乐进行中，其强拍、弱拍总是有规律地循环出现，从一个强拍到下一个强拍之间的部分即称一小节。

（八）强拍、弱拍

音乐节拍有强、弱之分，即有重音和非重音之分。一般每小节的第一拍叫强拍，其余带强音的单位拍叫次强拍，不带强音的单位拍叫弱拍。当正确的滑行技术在非重音（弱拍）时，其结果便是舞蹈特点的表演和表达不正确，裁判员必须给予处罚。

二、冰上舞蹈中的音乐

即使是优秀的花样滑冰选手，如果在音乐的选择、编辑和作曲方面没有做好设计，也无法发挥出最大的潜力。

（一）音乐在冰上舞蹈比赛中的作用

1.激发选手的情感

音乐不仅为选手提供了节奏基础，而且提供了情感、情绪和结构。

2.启迪选手创编成套动作

音乐的表现形式是多种多样的，有旋律优美、雄伟庄严的古典乐曲，有节奏活泼明快的现代乐曲，还有音响奇特的爵士乐，等等。选手选择一套适合自身特点的音乐，不但有利于动作的完成，而且能启迪其按照自我意识去编排节目，美化和丰富整套舞蹈节目的内容。

3.促使选手和观众之间产生共鸣

冰上舞蹈是一项技术性极高的运动，也是一场吸引观众的演出。其舞蹈编排实际上是在讲述和表演一个故事，一个能够打动观众和裁判的故事。

（二）冰上舞蹈比赛选择音乐的要求

选手在比赛中可以通过选择能突出自身优势和专业技能的音乐，或者探索新的音乐风格来展示自己的艺术能力。具体来说需要注意以下几点：

1.具有高分辨率

选手一定要确保下个赛季计划使用的音乐是高分辨率的版本。就像图片必须要有高分辨率才能看得足够清晰一样，音乐也需要高质量、高分辨率的版本才能确保将选手、观众的情绪带入舞蹈呈现的故事中。

2.能够激发灵感

音乐的选择应该能激发选手编排舞蹈内容的灵感。选手

情感代入

可以试着根据音乐自己做一些动作，看看它是否能够给自己一些启发。如果选手不能从内心深处感受音乐，就无法传递出音乐的情感。

3.进行恰当编辑

选择了适合的音乐后，还要对音乐进行编辑。

首先，每项冰上舞蹈比赛都有固定的时长要求，所选择的背景音乐必须剪辑成特定时长，既不能在舞蹈结束前早早播放完，也不能在舞蹈结束时还有大段未播放，以免给人戛然而止的突兀感。

其次，舞蹈节目的设计和编辑是至关重要的。为了与编排舞蹈完美融合，背景音乐必须要经过编辑，以辨别出所选择音乐旋律中最吸引人的段落，分析其中的细微差别，配合舞蹈故事的呈现与发展。

最后，背景音乐编辑过程中要适当考虑到选手的身体素质。每位选手具有不同的身体优势或弱点，例如心肺功能较弱的选手可能需要一个长一点的慢节奏部分，或在节目的某个特定的时刻让脚步放缓。

（三）冰上舞蹈比赛的音乐感

参加冰上舞蹈比赛的选手需要具备一定的音乐感，所选择的音乐既要有独特的风格，又要符合冰上舞蹈比赛的特点。选手在编排节目前，要有充分的时间理解和感受音乐的

舞蹈契合音乐

节奏和旋律，理解音乐的个性、情绪，并能感受各种细腻的起伏和微小的变化。

1.结合自身特点选择音乐

选手可以根据自身的生理特点、心理特点、技术特点、滑冰风格以及舞蹈表现力等来选择适合个人特点的音乐。一般来说，身材修长、感情细腻、滑行幅度较大、舞姿伸展的选手，多采用抒情的古典乐曲；感情奔放、表演活泼、技术纯熟的选手，多采用节奏明快、富于感染力的现代乐曲。但无论是哪种类型的选手，他所选择的音乐一定要强弱对比分明，并具有较高的艺术完整性。

2.善于采用多种结构

采用多种结构有利于选手根据音乐的旋律和音色的变化进行多样化的动作编排，有利于选手表演时体力的合理分配，有利于选手完成高难度动作。

3.尽量选择可以理解的音乐

选手并不是一定要选择高深的、经典的音乐，这取决于每个人对音乐的了解程度和领悟力。特别是少年选手，可以多采用节奏清晰、曲调活泼而又为大家熟悉的乐曲，如经典电影、电视动画片等的插曲，既利于表演，又不失少年天真活泼的特点。

4.不断地提升音乐素养

选手应该掌握基本的乐理知识，包括音符、音高、时值、节奏、节拍、旋律、风格、情绪、乐句和段落划分等，要能分辨强、弱、快、慢变化的音乐节奏，加强乐感的培养，培养对音乐的兴趣，提高音乐鉴赏能力，从而提高身体动作与音乐协调配合的能力。

第三节　冰上舞蹈的考级指南

一、冰上舞蹈的等级简介

冰上舞蹈的等级测试共分6级，分别是第1~6级。虽然规定图案舞作为竞赛规则已被取消，不再作为一个单独的比赛项目，但在韵律舞中仍占规定动作的40%。冰上舞蹈对音乐的韵律、节拍和节奏，以及音乐（舞蹈）的表演风格和特点的表达等方面有十分严格的要求。

二、冰上舞蹈测试内容

根据《国家花样滑冰等级测试大纲》，冰上舞蹈等级测试的大致内容和具体要求如下（注：本文主要罗列第1~4级的测试内容，详见《国家花样滑冰等级测试大纲》）：

第1级

（一）目的和任务

初学冰上舞蹈的学员，学习和掌握冰上舞蹈的基本练习方式、基本滑行步法和姿态。

要求动作准确，为今后的学习和训练打下一个良好的基础。本级规定舞步法简单，不要求达到很高水平，但要做到节奏准确、姿态优美。

（二）测试内容

荷兰华尔兹舞

音乐韵律：华尔兹3/4。

节奏：3拍/小节，45小节/分钟，135拍/分钟。

时间：滑3遍，各21秒。

图案：固定。

重点步法：6拍前外刃摇滚步，6拍向前滑跑步。

（三）测试要求

1.滑3遍（配乐），共1分3秒。

2.姿势和图案基本正确。

3.大部分节奏准确，可有2个小节失误，但很快又恢复正常节奏。

4.本级通过的评分标准：

只允许有2次失误，否则为未通过。

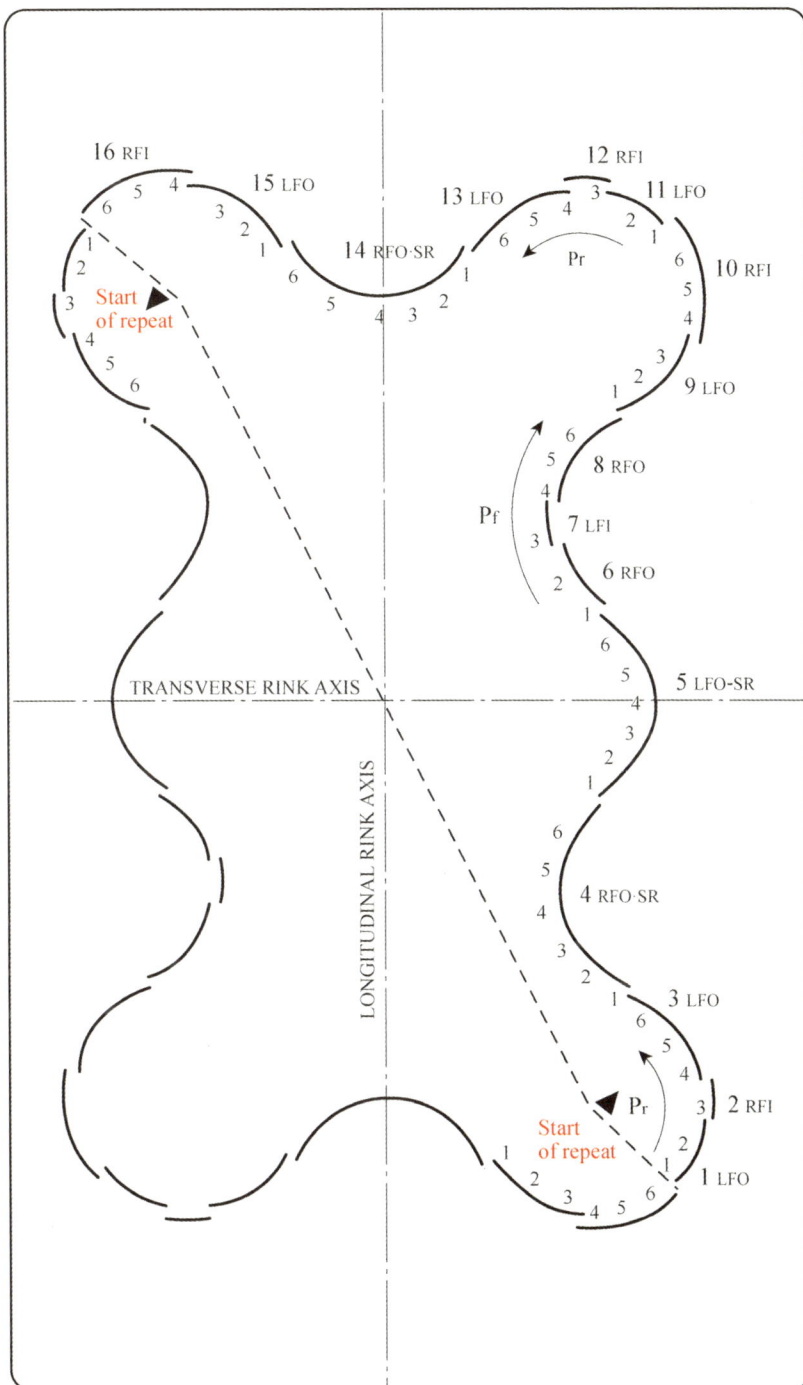

16 RFI
15 LFO
13 LFO
12 RFI
11 LFO
14 RFO·SR
Start of repeat
Pr
10 RFI
9 LFO
8 RFO
Pf
7 LFI
6 RFO
5 LFO·SR
TRANSVERSE RINK AXIS
LONGITUDINAL RINK AXIS
4 RFO·SR
3 LFO
2 RFI
Pr
Start of repeat
1 LFO

冰上舞蹈第1级测试图案

第 2 级

（一）目的和任务

进一步学习和掌握冰上舞蹈姿势，基本连接方式和基本步法能做到基本正确。图案舞为探戈舞，虽不要求滑行水平很高，但要能初步表现出探戈舞的风格和特点。

（二）测试内容

加纳斯塔探戈舞

音乐韵律：探戈 4/4。

节奏：4 拍 / 小节，26 小节 / 分钟，104 拍 / 分钟。

时间：滑 1 遍，16 秒。

图案：固定。

重点步法：向前 4 拍摆腿步，向前 4 拍夏塞步，向前 4 拍滑跑步。

（三）测试要求

1.滑 3 遍，共 48 秒。

2.姿态和图案基本正确。

3.大部分节奏正确，可有 2 个小节失误，但很快又恢复正常节奏。

4.本级通过的评分标准：

只允许有 2 次失误，否则为未通过。

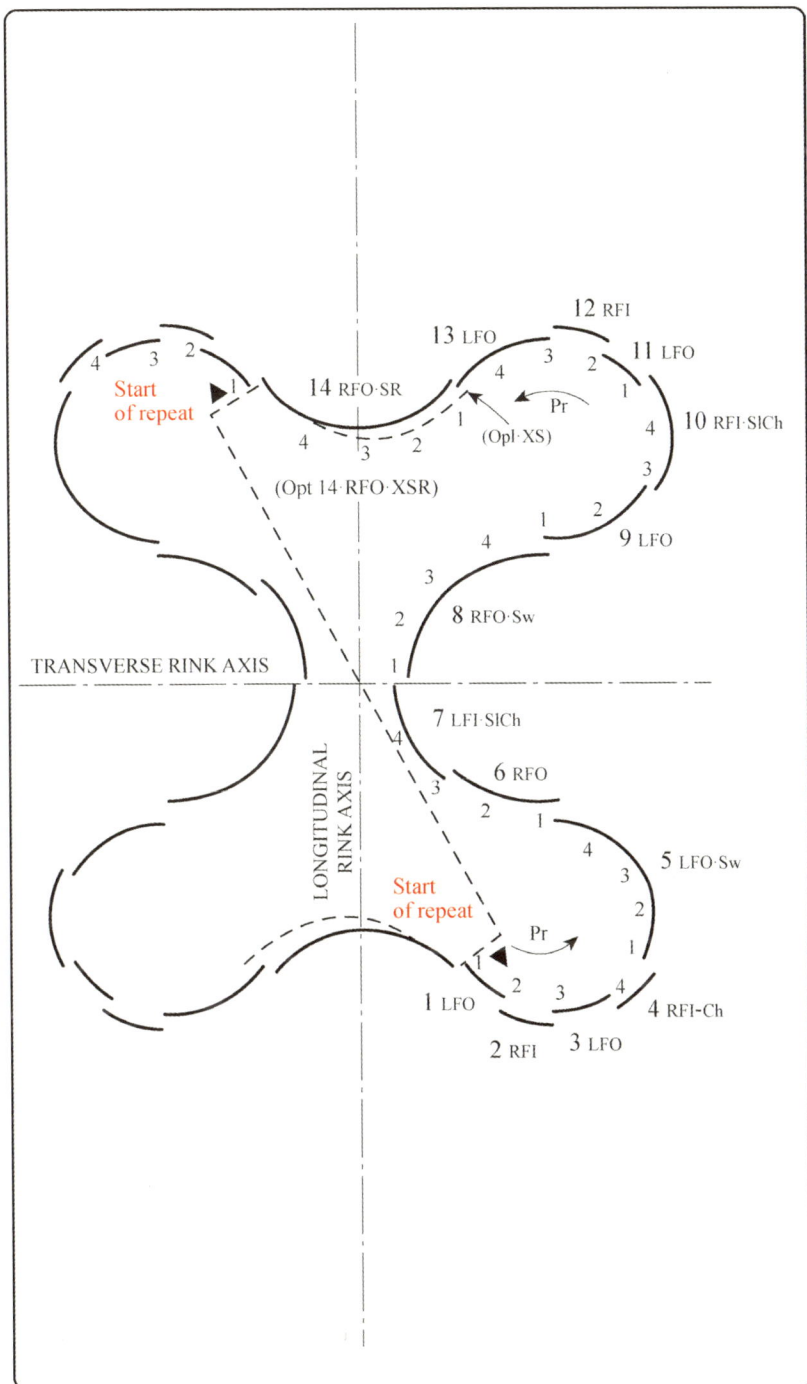

14 RFO·SR

(Opt 14 RFO·XSR)

12 RFI
13 LFO
11 LFO
10 RFI·SlCh
9 LFO
8 RFO·Sw
7 LFI·SlCh
6 RFO
5 LFO·Sw
4 RFI-Ch
3 LFO
2 RFI
1 LFO

Start of repeat

Pr

(Opl·XS)

TRANSVERSE RINK AXIS

LONGITUDINAL RINK AXIS

冰上舞蹈2级测试图案

第3级

（一）目的和任务

在第1、2级训练的基础上，进一步学习和掌握冰上舞蹈基本知识。基本连接方式和基本步法比较正确。2个图案舞不要求达到很高水平，但对布鲁斯舞和狐步舞的风格特点要有初步了解。

（二）测试内容

1. 布鲁斯的旋律。

音乐韵律：布鲁斯的旋律4/4。

节奏：4拍/小节，22小节/分钟，88拍/分钟。

时间：滑1遍，22秒。

图案：固定。

重点步法：向前摆腿摇滚步、夏塞步。

2. 摆动狐步舞。

音乐韵律：狐步4/4或2/4。

节奏：4拍/小节，24小节/分钟，96拍/分钟；或者是2拍/小节，48小节/分钟，96拍/分钟。

时间：滑1遍，40秒。

图案：固定。

重点步法：摇滚步、夏塞步、莫霍克步。

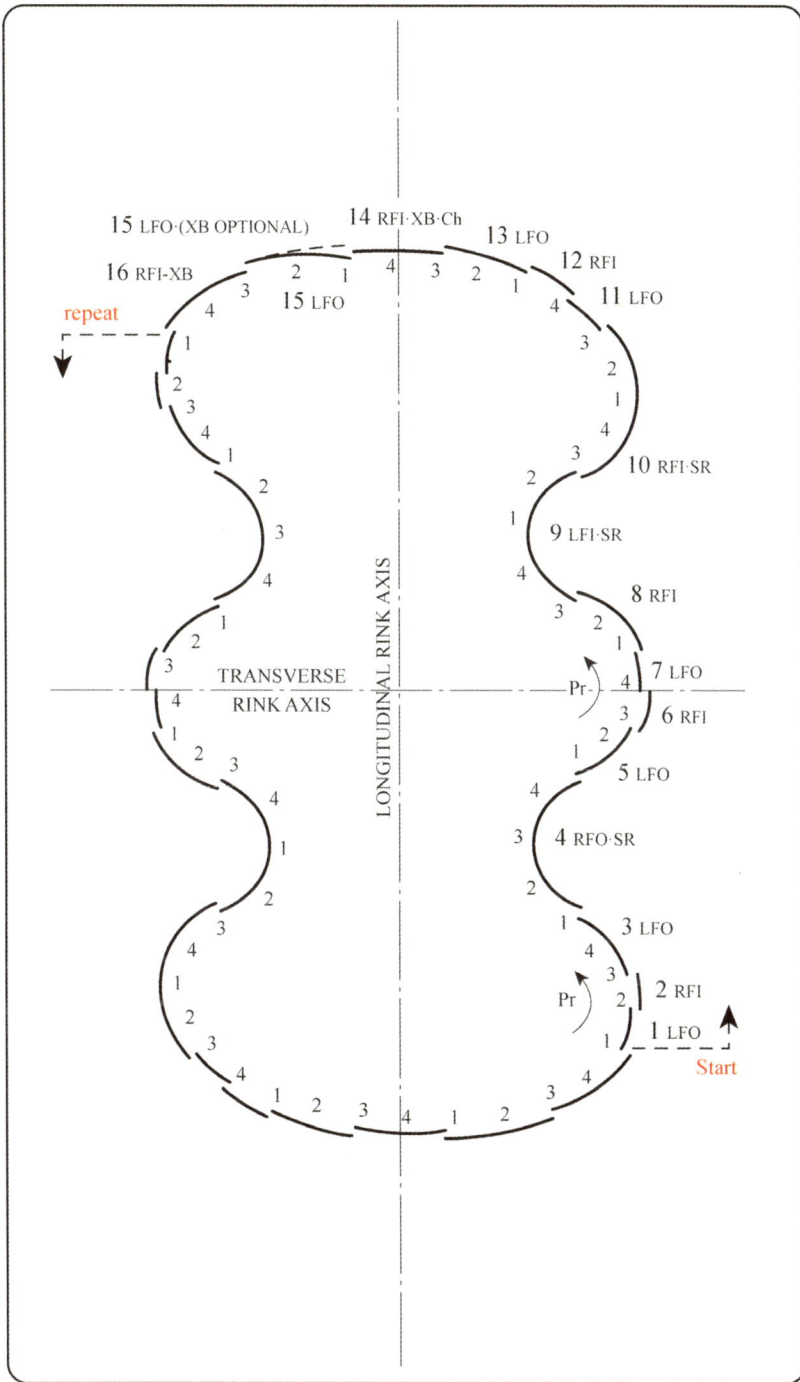

15 LFO·(XB OPTIONAL)
14 RFI·XB·Ch
16 RFI-XB
13 LFO
12 RFI
15 LFO
11 LFO
repeat
10 RFI·SR
9 LFI·SR
8 RFI
TRANSVERSE RINK AXIS
7 LFO
Pr
6 RFI
LONGITUDINAL RINK AXIS
5 LFO
4 RFO·SR
3 LFO
2 RFI
Pr
1 LFO
Start

冰上舞蹈3级测试图案

（三）测试要求

1. 布鲁斯的旋律滑3遍，共1分6秒；摆动狐步舞滑2遍，共1分20秒。

2. 大部分节奏正确，每个规定舞可出现2次失误，但节奏又很快恢复正常。

3. 姿态和步法基本正确，注意关节的屈伸和滑行弧线的深度，以及舞蹈风格的表演。

4. 本级通过的评分标准：

（1）每个舞蹈只允许有2次失误，否则为未通过。

（2）2个规定舞有1个不通过，即为未通过。

第4级

（一）目的和任务

进一步学习和巩固冰上舞蹈的基本知识，能正确掌握所学基本步法、姿态和连接方式。在规定舞滑行中，对音乐舞蹈风格特点的表达应有一个明显的提高。

（二）测试内容

1. 恰恰舞。

音乐韵律：恰恰4/4。

节奏：4拍/小节，25小节/分钟，100拍/分钟。

时间：滑1遍，19秒。

14 RFI-SR
3 2 1
4
13 LFI
4
12 RFO
XB
3 2 1
XF
Start

XF
(OPTIONAL)
4 3
2
1
4
11 LFO·SR
10 RFI
3
half beat
9 LFI
2
8 RFO
1
4 RFI
3
BK
LFI
2
BK
1
7 SLALOM BK
RFI
RFI
4

1
2
3
4
2

1
2
3
4
3
4
1
2

3
BK
2
6 RFO
1 BK

4
5 LFI wide step*

3
4 RFO·Ch
2
3 LFI
1
2 RFI
4
XF
3
2 1 LFO
Start

— half beat
3
4
1
2 3 4
1
2
OPEN OR KILIAN POSITION
BOTH PARTNERS SKATE
SAME STEPS
1 2
3
4
4 1 2 3

冰上舞蹈4级测试图案

图案：固定。

重点步法：夏塞步、摆动摇滚步。

2. 节日探戈舞。

音乐韵律：探戈4/4。

节奏：4拍/小节，24小节/分钟，96拍/分钟。

时间：滑行1遍，18秒。

图案：固定。

重点步法：变刃步、莫霍克步、夏塞步。

（三）测试要求

1. 恰恰舞滑3遍，共57秒；节日探戈舞滑3遍，共54秒。

2. 滑行中大部分节奏正确，可有2个小节失误，但很快又恢复正确节奏。

3. 重点步法用刃准确。

4. 较好地表达音乐舞的风格特点。

5. 本级通过的评分标准：

（1）每个舞蹈只允许有2个小节失误，否则为未通过。

（2）2个规定舞有1个不通过，即为未通过。

第五章

冰舞人生

　　2022年北京冬奥会上，中国冰上舞蹈项目取得了历史性的突破。那美轮美奂、优美华丽的冰上舞蹈表演离不开每一位运动员的努力付出。他们一路备尝艰辛，也一路甘于寂寞，经过几代人的奋斗，让中国冰舞在世界舞台上绽放。本章让我们一起走近冰上舞蹈运动员，感受他们积极拼搏、追逐梦想、绽放青春的风采吧！

第一节　冰上舞蹈运动员的素质要求

　　冰上舞蹈是一个十分艰苦的体育项目，需要选手具备足够的耐力、抗挫力和日复一日的辛苦训练及对完美技术的执着追求。只有不断突破自己，才能创造奇迹，展现一场完美的表演。

　　因此，本节从身体素质要求和艺术素质要求两个方面，展现冰上舞蹈运动员不断突破自己、勇于逐梦的人格之美。

冰舞人生

一、身体素质要求

一名优秀的冰上舞蹈运动员，其身体素质应是全方位的，如平衡性好、柔韧性佳、力量强大、心肺功能优良等。良好的身体素质是完成一套高质量、高水准节目的基础。

（一）平衡性

良好的平衡性保证了冰上舞蹈运动员能够最大限度地利用肢体，在冰面上完成一系列滑行、跳跃、旋转等动作。因此，冰上舞蹈运动员应该具有比普通人更好的平衡能力。

（二）柔韧性

冰上舞蹈运动员要着重发展良好的身体柔韧性，以便更好地展现出动作的幅度和美感，最大限度地将技术动作与艺术美感相结合，这样才能在比赛中获得更高的分数。同时，柔韧性、灵活度的提高也能够在一定程度上减少运动损伤，间接延长运动员的职业生涯。

（三）力量

花样滑冰对力量的要求覆盖全身，非常严苛。例如，双人滑需要男女伴上肢核心力量非常稳定,双人滑的女伴尤其还需要强大的腿部支撑能力来应对抛跳的落冰冲击压力。冰上舞蹈运动员也需要拥有很好的肌肉耐力,以处理好整套节目的所有细节。

(四)心肺功能

虽然运动员的类型和优势各有不同,但无论哪种类型优势的运动员都需要有优良的心肺功能,这样才能在节目中高质量地完成所有技术动作,发挥出真正的实力。

▶ **冰雪小课堂**

冰上舞蹈运动员一次转那么多圈,为什么转不晕?

当头部运动幅度太大时,人体半规管内的传感器就会发生紊乱,逐渐失去对方向的感知。但冰上舞蹈运动员进行了大量科学的规范性训练,身体已经处于习惯旋转的状态,原本受旋转刺激产生的反应就会不断减轻,甚至消失。

二、艺术素质要求

冰上舞蹈是将艺术美感和技术动作高度融合的运动项

目。如果运动员想达到技术美观化、艺术化，就需要有较高的灵活性和准确性，并且敢于积极地表现自我。所有冰上舞蹈运动员在进行训练的过程中，一般都要配合芭蕾或其他种类的舞蹈来作为辅助训练。同时，除芭蕾基础训练之外，为适应每个赛季规则里韵律舞的舞种要求，冰上舞蹈运动员还要进行各类不同的舞蹈训练，如国标舞、现代舞、爵士舞等。

▶ 冰雪小课堂

冰上舞蹈运动员技术水平等级划分

根据运动员年龄和训练年限，可以将运动员技术水平划分为初级、中级和高级3个阶段。

初级阶段

年龄在12~14岁，从事冰上舞蹈训练年限3~5年。

技术水平：能完成国际滑联规定的6种练习舞和3种以上少年舞规定舞；在自由舞中能完成1~2级定级步法、托举、旋转和捻转动作。

中级阶段

年龄在15~21岁，从事冰上舞蹈训练年限6~10年。

技术水平：能完成国际滑联规定的练习舞、少年舞和6种以上成年规定舞；在创编舞、自由舞中能完成3~4

级定级步法、托举、旋转和捻转动作。

高级阶段

年龄在20~35岁，从事冰上舞蹈训练12年以上。

技术水平：能完成国际滑联规定的练习舞、少年舞和成年规定舞；在创编舞、自由舞中能完成3~4级定级步法、托举、旋转和捻转动作。

第二节　中国冰上舞蹈运动员风采

一、"马达引擎"组合王诗玥、柳鑫宇

2022年北京冬奥会上，中国花样滑冰组合王诗玥、柳鑫宇在比赛中，凭借一场浓浓的中国风《功夫魔琴：大提琴的崛起》的精彩表演，征服了许多观众。这次表演虽然只拿了第12名，但他们已经是亚洲组合中唯一一对进入前20名的组合，并且刷新了中国冰舞在冬奥会历史上的最好成绩。

王诗玥和柳鑫宇都是1994年出生于吉林长春的，他们从小就开始练习花样滑冰，同为冰舞运动员，因为花样滑冰结缘相识，一起搭档拼搏至今。身高1.90米的柳鑫宇和身高1.63米的王诗玥，无论是在国内赛场上，还是在国际赛场上，都有着最萌的身高差。不仅如此，两个"90后"的年轻人在冰舞赛场上的青春活力和一贯"魔性"的表演更是让人们印象深刻，甚至刷新了人们对花样滑冰的认知。

在2020年中国杯世界花样滑冰大奖赛的冰舞比赛中，中国队组合王诗玥、柳鑫宇冰舞表演的配乐选用了极具中国风的经典流行歌曲《一剪梅》，充满了"魔性"，令人忍俊不

禁。节目一开始，伴随着《一剪梅》优美舒缓的旋律，两人身穿白衬衣、黑西裤出场，深情款款，翩翩起舞。到节目后半段画面突变，现场灯光突然熄灭，当灯再亮起时，两人已经换上了一身热带沙滩装束的服装，配乐也变成了DJ版的《一剪梅》，两人顿时变得活泼开朗，开始劲歌热舞，现场气氛也跟着沸腾起来。这场被王诗玥笑称"尬舞"的"广场舞"风格表演获得了裁判和场上冰迷的高度赞赏，最终获得冠军，这一成绩也刷新了他们参加国内比赛的最高分。

对于外界突然爆发的关注，个性一向活泼俏皮的王诗玥回应说，只要大家开心快乐就好。而柳鑫宇的回应则给人认真严肃的感觉："向经典致敬。广场舞也是舞，我们也希望可以把更多更好的中国风节目带出国门，走向世界。"这两位运动员迥异的个性给观众留下了深刻的印象。

其实，在编舞方面，王诗玥和柳鑫宇一直在不断突破和创新。比如在2019年全国花样滑冰锦标赛的冰上舞蹈比赛中，他们就打破以往人们心中女生高雅、男生帅气的印象，大胆采用《查理·卓别林》这一曲目，用小品式的风格，演绎出了一个诙谐欢快的故事。

这样的大胆创新与改变，对于已经家喻户晓的冰上舞蹈运动员来说是需要勇气和挑战的。两人从2005年成为搭档，经历了10多年的配合，才能做到彼此相依、不断突破、互相信任，成为国内最优秀的冰上舞蹈组合。他们先后获得过全国花样滑冰大奖赛冠军、全国运动会花样滑冰冠军、亚洲冬季运动会冠军，而且还冲出亚洲，在2020年四大洲花样滑冰锦标赛中获得了第4名的好成绩。而从2022年北京冬奥会的表现来看，这对中国冰上舞蹈选手还在不断进步！

二、用生命在跳舞的黄欣彤

与其他冰上舞蹈运动员不同，黄欣彤比赛时脖子上戴了两条项链，其中一条是由小片琥珀组成的。黄欣彤身体不好，2008年就得了甲状腺功能亢进症（以下简称"甲亢"），她的俄罗斯编舞教练听说琥珀对治疗甲亢有帮助，特意买了一条琥珀项链送给她。她舍不得戴教练赠送的礼物，于是自己又买了一条。黄欣彤身患甲亢6年，参加了两届冬奥会，被冰迷称"用生命在跳舞"。

中国冰上舞蹈运动一直以来远远落后于世界水平，冬奥会比赛更是难以取得入场资格。好不容易到了2010年温哥华冬奥会，黄欣彤、郑汛组合首次获得冬奥会资格，这样的机会绝对不可能放弃。经过不懈的努力，黄欣彤、郑汛获得了温哥华冬奥会冰上舞蹈比赛第19名的成绩。到2014年索契冬奥会时，中国队除了黄欣彤与搭档郑汛之外，再无第二对选手具备参加冬奥会冰上舞蹈比赛的实力。于是黄欣彤再次忍受着病痛的折磨积极备战，并获得了索契冬奥会的参赛资格。尽管这次冰上舞蹈短节目只获得第22名，未能晋级自由滑比赛，但对于患病备战、参赛的黄欣彤来说，能站在这个赛场上就已经成功了，无论成绩如何，黄欣彤并没有遗憾，中国队也没有遗憾。

这几年，黄欣彤一边忍受着甲亢的折磨，一边还要完成训练和比赛。"只能靠吃药顶着，没时间去做彻底治疗。"长期服药对她的肝功能造成了影响，而且有可能会影响今后的生育。但既然选择了坚持，黄欣彤就对所有可能出现的后果做好了准备，她心中从未后悔过。

黄欣彤和郑汛携手16年，他们把青春全献给了冰上舞蹈。但中国冰上舞蹈的未来依然任重道远、充满坎坷，而像黄欣彤这样为冰上舞蹈运动付出努力的运动员，也必定会让中国冰上舞蹈有朝一日在世界冰坛崭露头角。

三、让中国冰上舞蹈像双人滑一样走向世界的于小洋、王晨

中国冰上舞蹈运动一直以来落后于世界，无论是技术还是知识都有所欠缺，在花样滑冰运动的发展道路上也远远不及单人滑、双人滑。在双人滑开始崭露头角、跻身世界前列的时候，冰上舞蹈项目的成绩还落下了一大截。为此，每一位冰舞运动员都是在负重前行。

　　于小洋和王晨就是这样一对冰上舞蹈组合，他们也是让中国冰上舞蹈在世界赛场上开始被关注的力量之一。在2008年世界花样滑冰锦标赛上，于小洋、王晨正常发挥了自己的水平，获得了第22名的成绩。然而，这样的成绩并没有让他们松懈或者骄傲。压力之下，他们始终默默努力，不断反省自身，谦虚求取进步，希望能为中国冰上舞蹈的崛起做出贡献。

　　在2008年全国冬季运动会花样滑冰冰上舞蹈项目的比赛中，于小洋、王晨凭借高难度的技术和出色的表演获得金牌。但在他们看来，虽然发挥正常，却没有展现出最好的状态。赛场上，于小洋激动得潸然泪下，她说："其实我们一直都在努力，今后我们还要继续努力，要使中国冰上舞蹈像双人滑一样排在世界前列。"

　　在2008年全国花样滑冰大奖赛上，于小洋、王晨虽然赢得冠军，但因为服装设计不到位，导致飘逸的白纱水袖给比赛中做动作带来了一些麻烦，他们一直懊恼不已。在赛场上，为了让飘带飘动的范围小一点，于小洋虽然给飘带系了一个结，但还是受到了影响——有个托举动作，飘带缠到王晨的手了。除此之外，他们还反省自己，认为准备不充分、增加的难度给王晨带来了很多困扰和担忧，导致没有发挥出最好的水平。

　　他们二人的努力，教练总是看在眼里。比如于小洋训练非常刻苦努力，在美国编排节目期间曾意外摔伤，右肘至右肩部位只能缠上厚厚的绷带。可她却为了比赛放弃了休养，坚持完成比赛。

每一个运动员都想在自己的运动生涯中创造一个属于自己的成绩，于小洋和王晨的努力必定会获得回报。

▶ 冰雪小课堂

冬奥会项目主要有哪些？

在冬奥会迷人的冰雪世界里，每一个项目都有自己独特的起源、发展历程和运动特点，并成就了一代又一代的冰雪英雄。迄今为止，出现在第24届北京冬奥会竞技舞台上的比赛项目按其特点主要可分为竞速类（更快）、技巧类（更高）和综合类（更强）。竞速类包括速度滑冰、短道速滑、越野滑雪、高山滑雪、雪车、雪橇等；技巧类包括花样滑冰、跳台滑雪、自由式滑雪、单板滑雪等；综合类包括冰球、冰壶、冬季两项、北欧两项等。

第三节　冬奥梦·中国冰雪情

一、逐梦冬奥——中国的参赛之路

自1958年退出国际奥委会后，中国与奥运会分别了22年。1980年2月，中国恢复在国际奥委会席位的3个月后，即派运动员首次征战冬奥会。截至2022年北京—张家口冬奥会，中国体育代表团的冬奥会之旅已历经12届，排名不断上升，共获得金牌22枚、银牌32枚、铜牌23枚，稳居世界前列。下面，分享一些中国在冬奥会参赛中值得纪念、载入史册的事件，让我们记得来时路，继续向远方。

（一）首次出征冬奥会

1980年，第一次参加冬奥会的中国体育代表团高举五星红旗步入会场，在普莱西德湖冬奥会开幕式上，受到全场观众的热烈欢迎。28名中国运动员参加了速度滑冰、花样滑冰、越野滑雪、高山滑雪、冬季两项5个分项18个小项的角逐。虽然首次出征没获得好名次，但让中国运动员看到了与世界先进水平的差距，融入了冬季奥林匹克运动大家庭。

（二）五星红旗首次在冬奥会赛场升起

　　1988年，在第15届加拿大卡尔加里冬奥会上，中国派出了由13名运动员组成的精干队伍，参加了速度滑冰、花样滑冰、越野滑雪3个分项18个小项的比赛。在当时还是表演项目的短道速滑比赛中，李琰获得1000米金牌和500米、1500米铜牌，并创造了1000米世界纪录。鲜艳的五星红旗首次在冬奥会赛场上升起。在本届冬奥会上，中国运动员开阔了视野，看到了潜力，增强了取胜的信心，为我国冬奥会项目的后续发展奠定了基础。

（三）冬奥会奖牌"零"的突破

　　1992年，第16届法国阿尔贝维尔冬奥会，经过多年坚持不懈的努力和积极备战，中国队第四次出征，派出34名运动员参加了34个小项的比赛。女子速度滑冰运动员叶乔波终于打破中国冬奥会奖牌"零"的纪录，一举夺得500米和1000米2枚银牌。李琰也在首次成为正式比赛项目的短道速滑500米比赛中为中国再添1枚银牌。最终，在本届冬奥会上，中国队名列奖牌榜第15位，显示出我国在一些冬奥项目上的优势，标志着我国的冬季运动开始走向成熟。

（四）首次斩获冬奥会金牌

进入21世纪，我国的冬季运动水平取得了长足进步。2002年，第19届美国盐湖城冬奥会，中国队第七次出征——派出72名运动员参加了短道速滑、花样滑冰、冬季两项、自由式滑雪等38个小项的比赛。中国选手杨扬一鸣惊人，在短道速滑女子500米决赛中击败保加利亚名将拉达诺娃和队友王春露，为中国获得了第一枚冬奥会金牌。随后，她又在女子1000米比赛中梅开二度，再夺金牌。花样滑冰选手申雪、赵宏博也在被欧美选手垄断的花样滑冰双人滑项目中奋力拼下1枚铜牌，中国花样滑冰项目跻身世界前列。

（五）参赛项目不断突破、全面开花

2006年，第20届意大利都灵奥运会，中国队派出76名运动员参加，参赛项目覆盖9分项47小项，其中跳台滑雪、单板滑雪为中国队首次参加的冬奥会项目。本届冬奥会获得奖牌的覆盖面也有所扩大，总共获得11枚奖牌，创造了历史纪录。

2010年，第21届温哥华冬奥会，中国队发挥出色，"含金量"创造历史最高，名次上升至奖牌榜第7位。在短道速滑项目上，中国女队包揽了全部4个单项的金牌。其中，王濛不仅成功卫冕500米冠军，还夺得短道速滑女子1000米金牌和3000米接力的金牌。她因此成为中国迄今获得冬奥会金牌（4枚）和奖牌（6枚）最多的运动员，以及首位单届冬奥会获得3枚金牌的中国运动员。

2014年，第22届索契冬奥会，中国队共派出66名运动员参加了4个大项49个小项的比赛。奖牌榜仍位居亚洲榜首，保持在世界第二梯队之中。本届冬奥会上最大的惊喜是速度滑冰运动员张虹夺得女子1000米冠军，这枚金牌饱含了中国速度滑冰项目几代人的等待与期盼。

2018年，第23届平昌冬奥会，中国队共派出82名运动员参加了5个大项55小项的比赛，其中雪车、跳台滑雪等多个项目是首次亮相冬奥会，获奖项目数量创历史新高。

2022年，第24届北京冬奥会，是有史以来设项最多的一届冬奥会。作为东道主，中国队共派出176名运动员参加了全部7个大项15个分项109个小项的比赛，参赛人数首次超过100人，参赛项目之多在过去历届冬奥会从未有过，在很多新的项目上留下了"中国纪录"。本届冬奥会，中国队共拿到9枚金牌、4枚银牌、2枚铜牌，奖牌总数为15枚，奖牌榜第三，不管是金牌数还是奖牌总数都创造了历史最佳战绩，为北京冬奥会画上了完美的句号。

中国冰雪健儿的12次冬奥征程，记载着中国冬季运动、冰雪项目从无到有、从弱到强的发展历程。

▶ **冰雪小课堂**

文化之光：奥林匹克圣火

传递奥林匹克圣火，是古代奥运会的传统。在奥运会开幕前，祭司从圣坛上燃取奥林匹克之火，所有运动员一齐向火炬奔跑，最先到达的3名运动员将高举火炬跑遍希腊，传令停止一切战争，开始4年一度的奥运会。现代奥运会恢复后，顾拜旦提出了点燃奥林匹克圣火的建议。1928年在阿姆斯特丹举办的第9届夏季奥运会上，主办者第一次在主会场点燃了象征和平的火炬。

自1936年柏林奥运会起，每届奥运会开始前都要在奥林匹亚的赫拉神庙遗址前举行庄重的圣火采集仪式。身着古装的希腊少女用聚光镜采得火种，用火炬传到雅典，再由雅典接力传到主办城市，最后在开幕式上进入会场，由主办国著名运动员手执火炬点燃熊熊火焰，直到闭幕式再缓缓熄灭。

二、冬运会——中国的冰雪盛会

中华人民共和国冬季运动会（以下简称"全国冬运会"或"冬运会"），是中国规模最大、级别最高的冬季综合性体育赛事，从1959年开始至今已经成功举办了13届。

1959年9月第1届全国运动会开幕前，在吉林、黑龙江两省举行了冰雪项目的比赛。雪上项目2月1—5日在吉林市举行，冰上项目2月10—20日在哈尔滨市举行，称为"1959年全国冬季运动会"。这是中国举办的首个大规模的冰雪赛事。

1965年，第2届全国运动会在北京举行，但冰雪项目比赛停办，而届次照算。

1976年1—2月，第3届冬运会在黑龙江省哈尔滨市尚志县举行，属于第3届全运会的正式比赛项目。口号是"友谊第一，比赛第二"。

1979年，第4届冬运会比赛仍是第4届全运会的一部分。滑雪项目2月14—20日在黑龙江尚志县举行，速度滑冰3月4—9日在新疆乌鲁木齐市举行，冰球、花样滑冰9月8—17日在北京举行。

1983年，第5届冬运会终于摆脱"寄宿全运会"的尴尬处境，进入独立发展时期，3月12日在哈尔滨举行了开幕式，冰上舞蹈《祖国永远是春天》广受欢迎。雪上项目提前于2月下旬在亚布力滑雪场举行。

1987年3月，第6届冬运会在长春举行。分项增至8项，小项减至46项。高山滑雪、跳台滑雪先期于2月3—10日举行，越野滑雪、冬季两项于2月13—20日在长白山滑雪场举行。从本届开始，各类体育协会等行业团体纷纷加入冬运会的竞争中来。

1991年2月，第7届冬运会在哈尔滨举行。本届冬运会是我国冬季运动会发展的里程碑。国家体育总局对冬运会参赛机制做出重大改革，改变过去以省、区、市为单位参赛的做法，形成了以城市组队参赛的新模式，并以此排定奖牌榜，以扩大冬运会的影响力和竞争力。

1995年1月14日，第8届冬运会在吉林市开幕。自由式滑雪首次进入冬运会。从本届开始，冬运会的时间、地点较为固定，基本确定为1月份在同一个城市举办。

1999年1月10—19日，第9届冬运会又回到长春，参赛选手猛增了一倍，达到1100多人。回归后的香港第一次组队参加冬运会。

进入21世纪以来，冬运会进入快速发展时期。

2003年1月5—18日，第10届冬运会在哈尔滨举行，这已是哈尔滨第五次承办冬运会。

2008年1月18—28日，第11届冬运会在黑龙江齐齐哈尔市举行。此次冬运会有两个特点：一是确定了新的冬运会周期；二是结束了由城市政府承办冬运会的历史。

2012年1月3—13日，第12届冬运会在长春举行。本届冬运会由吉林省政府承办，开创了由省级政府承办冬运会的先河。比赛项目设置逐步向冬奥会靠拢，项目总数也大幅增加，多达105个小项，比温哥华冬奥会的比赛项目还要多出19个。

2016年1月20—31日，第13届冬运会在新疆维吾尔自治区举行。这是冬运会首度走出东北，落户西北雪原，也是新疆第一次独立承办全国综合性运动会。

2024年2月17—27日，第14届冬运会将在内蒙古自治区举行。届时，内蒙古将成为继黑龙江、吉林、新疆外第四个独立承办冬运会的省区，这对于中国冬季运动的普及具有重大意义。

附录1　冰舞技术动作中英文对照表

Ice Dance（冰上舞蹈）

Pattern Dance（图案舞）：

英文缩写	英文名称	中文名称	首演时间
FO	Fourteenstep	十四步	1889年
FT	Foxtrot	狐步	1933年
RF	Rocker Foxtrot	摇摆舞	1934年
EW	European Waltz	欧洲华尔兹	1990年以前
AW	Amcrican Waltz	美国华尔兹	1990年以前
WW	Westminster Waltz	威斯敏斯特华尔兹	1938年
VW	Viennese Waltz	威尼斯华尔兹	1934年
OW	Austrian Waltz	澳大利亚华尔兹	1979年
SW	Starlight Waltz	星光华尔兹	1963年
RW	Ravensburger Waltz	拉文斯堡华尔兹	1973年
GW	Golden Waltz	金色华尔兹	1987年
KI	Kilian	基里安	1909年
YP	Yankee Polka	扬基波尔卡	1969年

续表

英文缩写	英文名称	中文名称	首演时间
QS	Quickstep	快步	1938年
FS	Finnstep	芬兰快步	1995年
PD	Paso Doble	帕索	1938年
RH	Rumba	伦巴	1938年
CC	Cha Cha Congelado	卡其拉顿恰恰	1989年
SS	Silver Samba	桑巴	1963年
TA	Tango	探戈	1932年
AT	Argentine Tango	阿根廷探戈	1934年
TR	Tango Romantica	罗曼蒂克探戈	1974年
BL	Bluse	布鲁斯	1934年
MB	Midnight Bluse	午夜布鲁斯	2001年

Spins（旋转）：

英文缩写	英文名称	中文名称
Sp	Spin	旋转
CoSp	Combination Spin	联合旋转

Lifts（托举）：

英文缩写	英文名称	中文名称
StaLi	Stationary Lift	原地托举

续表

英文缩写	英文名称	中文名称
SiLi	Straight Line Lift	直线托举
CuLi	Curve Lift	弧线托举
RoLi	Rotational Lift	旋转托举

Steps（步法）：

英文缩写	英文名称	中文名称
Pst	Partial Step Sequence	衍生接续步
MiSt	Midline Step Sequence in Hold	中线接续步
DiSt	Diagonal Step Sequence in Hold	斜线接续步
CiSt	Circular Step Sequence in Hold	圆形接续步
SeSt	Serpentine Step Sequence in Hold	蛇形接续步
NtMiSt	Not Touching Midline Step Sequence	不拉手中线接续步
NtDiSt	Not Touching Diagonal Step Sequence	不拉手斜线接续步
NtCiSt	Not Touching Circular Step Sequence	不拉手圆形接续步
OFSt	One Foot Step Sequence	单脚步伐

附录2　历届冬季奥运会简况

届次	时间	举办城市	参赛国家（地区）数	比赛项目数		参赛运动员数
				大项	小项	
1	1924年1月25日—2月4日	法国夏慕尼	16	4	16	258
2	1928年2月11日—2月19日	瑞士圣莫里茨	25	4	14	464
3	1932年2月4日—2月15日	美国普莱西德湖	17	4	14	252
4	1936年2月6日—2月16日	德国加米施-帕滕基兴	28	4	17	668
5	1948年1月30日—2月8日	瑞士圣莫里茨	28	4	22	669
6	1952年2月14日—2月25日	挪威奥斯陆	30	4	22	694
7	1956年1月26日—2月5日	意大利科尔蒂纳丹佩佐	33	4	24	820

续表

届次	时间	举办城市	参赛国家（地区）数	比赛项目数		参赛运动员数
				大项	小项	
8	1960年2月18日—2月28日	美国斯阔谷	31	4	27	665
9	1964年1月29日—2月9日	奥地利因斯布鲁克	37	6	34	1091
10	1968年2月6日—2月18日	法国格勒诺布尔	37	6	35	1158
11	1972年2月3日—2月13日	日本札幌	35	6	35	1006
12	1976年2月4日—2月15日	奥地利因斯布鲁克	37	6	37	1123
13	1980年2月13日—2月24日	美国普莱西德湖	37	6	38	1072
14	1984年2月8日—2月19日	南斯拉夫萨拉热窝	49	6	39	1272
15	1988年2月13日—2月28日	加拿大卡尔加里	57	6	46	1423
16	1992年2月8日—2月23日	法国阿尔贝维尔	64	7	57	1801
17	1994年2月12日—2月27日	挪威利勒哈默尔	67	6	61	1737

续表

届次	时间	举办城市	参赛国家（地区）数	比赛项目数		参赛运动员数
				大项	小项	
18	1998年2月7日—2月22日	日本长野	72	6	68	2176
19	2002年2月8日—2月24日	美国盐湖城	77	7	78	2399
20	2006年2月10日—2月26日	意大利都灵	80	7	84	2508
21	2010年2月12日—2月28日	加拿大温哥华	82	7	86	2632
22	2014年2月7日—2月23日	俄罗斯索契	88	7	98	2780
23	2018年2月9日—2月25日	韩国平昌	92	7	102	2922
24	2022年2月4日—2月20日	中国北京	91	7	109	2892

注：以上数据来源于国际奥委会官网

附录3　中国历届冬奥会冠军

2002年美国盐湖城冬奥会（2枚金牌）：

杨扬：出生地为黑龙江省佳木斯市汤原县，获得本届冬奥会短道速滑女子500米金牌、短道速滑女子1000米金牌。

2006年意大利都灵冬奥会（2枚金牌）：

韩晓鹏：出生地为江苏省徐州市沛县，获得本届冬奥会男子空中技巧金牌。

王濛：出生地为黑龙江省七台河市，获得本届冬奥会短道速滑女子500米金牌。

2010年加拿大温哥华冬奥会（5枚金牌）：

王濛：获得本届冬奥会短道速滑女子500米金牌、短道速滑女子1000米金牌、短道速滑女子3000米接力金牌。

周洋：出生地为吉林省长春市，获得本届冬奥会短道速滑女子1500米金牌、短道速滑女子3000米接力金牌。

张会：出生地为黑龙江省哈尔滨市宾县，获得本届冬奥会短道速滑女子3000米接力金牌。

孙琳琳：出生地为黑龙江省七台河市，获得本届冬奥会短道速滑女子3000米接力金牌。

申雪：出生地为黑龙江省哈尔滨市，获得本届冬奥会花样滑冰双人滑金牌。

赵宏博：出生地为黑龙江省哈尔滨市，获得本届冬奥会花样滑冰双人滑金牌。

2014年俄罗斯索契冬奥会（3枚金牌）：

李坚柔：出生地为吉林省吉林市，获得本届冬奥会短道速滑女子500米金牌。

张虹：出生地为黑龙江省哈尔滨市，获得本届冬奥会短道速滑女子1000米金牌。

周洋：出生地为吉林省长春市，获得本届冬奥会短道速滑女子1500米金牌。

2018年韩国平昌冬奥会（1枚金牌）：

武大靖：出生地为黑龙江省佳木斯市，获得本届冬奥会短道速滑男子500米金牌。

2022年北京冬奥会（9枚金牌）：

武大靖：获得本届冬奥会短道速滑男女2000米混合接力金牌。

任子威：出生地为黑龙江省哈尔滨市，获得本届冬奥会短道速滑男女2000米混合接力金牌、短道速滑男子1000米金牌。

范可新：出生地为黑龙江省七台河市，获得本届冬奥会短道速滑男女2000米混合接力金牌。

曲春雨：出生地为黑龙江省黑河北安市，获得本届冬奥会短道速滑男女2000米混合接力金牌。

张雨婷：出生地为黑龙江省哈尔滨市，获得本届冬奥会短道速滑男女2000米混合接力金牌。

谷爱凌：中美混血，中国国籍，获得本届冬奥会自由式滑雪女子大跳台金牌、自由式滑雪女子U型场地技巧金牌。

高亭宇：出生地为黑龙江省伊春市，获得本届冬奥会速度滑冰男子500米金牌。

徐梦桃：出生地为辽宁省鞍山市，获得本届冬奥会自由式滑雪女子空中技巧金牌。

苏翊鸣：出生地为吉林省吉林市，获得本届冬奥会单板滑雪男子大跳台金牌。

齐广璞：出生地为江苏省徐州市沛县，获得本届冬奥会自由式滑雪男子空中技巧金牌。

隋文静：出生地为黑龙江省哈尔滨市，获得本届冬奥会花样滑冰双人滑金牌。

韩聪：出生地为黑龙江省哈尔滨市，获得本届冬奥会花样滑冰双人滑金牌。

附录4　北京2022年冬奥会申办大事记

◎ 2013年11月3日，中国奥委会致函国际奥委会，提名北京市联合张家口市作为2022年冬奥会申办城市。其中，北京市承办冰上项目的比赛，河北省张家口市承办雪上项目的比赛。

◎ 2013年11月14日，国际奥委会公布哈萨克斯坦阿拉木图、中国北京（联合张家口）、波兰克拉科夫（联合斯洛伐克亚斯纳）、乌克兰利沃夫、挪威奥斯陆和瑞典斯德哥尔摩6个城市申办2022年冬奥会。

◎ 2014年1月15日，北京2022年冬季奥林匹克运动会申办委员会（以下简称"冬奥申委"）成立。

◎ 2014年1月17日，瑞典斯德哥尔摩退出申办2022年冬奥会。

◎ 2014年3月12日，北京冬奥申委向国际奥委会递交申请文件《对国际奥委会调查问卷的答复》。

◎ 2014年5月8日，国际奥委会召开申办城市视频会议，北京冬奥申委向国际奥委会2022工作组陈述并回答提问。

◎ 2014年5月26日，波兰克拉科夫退出申办2022年冬奥会。

◎ 2014年6月30日，乌克兰利沃夫退出申办2022年冬奥会。

◎ 2014年7月7日，国际奥委会执委会投票决定，中国北京与挪威奥斯陆、哈萨克斯坦阿拉木图入围2022年冬奥会候选城市。

◎ 2014年7月24日，国际滑冰联盟派代表对短道速滑、花样滑冰、速度滑冰场馆进行考察。至11月，7个冬季项目国际单项体育联合会均完成场地规划考察和确认，并陆续提供认证书。

◎ 2014年8月1日，北京冬奥申委召开第一次全体会议，强调要坚定信心、全力以赴、只争朝夕，力争赢得2022年冬奥会举办权。

◎ 2014年10月1日，挪威奥斯陆退出申办2022年冬奥会。

◎ 2014年12月8—9日，国际奥委会第127次全体会议在摩纳哥召开，通过《奥林匹克2020议程》。北京申办冬奥会的理念与之高度契合。

◎ 2015年1月6日，北京冬奥申委向国际奥委会递交《北京2022年冬季奥林匹克运动会和残奥会申办报告》。

◎ 2015年3月24—28日，由国际奥委会委员、俄罗斯奥委会主席亚历山大·茹科夫任主席的国际奥委会评估委员会实地考察北京、延庆、张家口3个赛区。

◎ 2015年6月9日，北京冬奥申委派代表团赴瑞士洛桑出席2022年冬奥会候选城市与国际奥委会委员陈述交流会，向委员陈述并回答提问。

◎ 2015年7月31日，国际奥委会第128次全体会议在马来西亚吉隆坡开幕，北京冬奥申委代表团向全会做最终陈述并回答提问。经全会投票，北京以44：40胜过阿拉木图，赢得2022年冬奥会举办权。

郑重声明

张昊依法对本书享有著作权，北京出版社依法对本书享有出版权。任何未经许可的复制、销售行为均违反《中华人民共和国著作权法》，其行为人将承担相应的民事或刑事责任。

图书在版编目（CIP）数据

冰上舞蹈 / 张昊主编. — 北京：北京出版社，
2024.3

（冬奥·冰上舞者：花样滑冰大全）

ISBN 978-7-200-16846-4

Ⅰ．①冰… Ⅱ．①张… Ⅲ．①冰上舞蹈—基本知识
Ⅳ．① G862.2

中国版本图书馆 CIP 数据核字（2021）第 245762 号

出版策划：刘 可 杨晓瑞　　项目负责：刘 可 杨晓瑞　　责任编辑：杨晓瑞 宋俊美
责任印制：燕雨萌　　　　　装帧设计：品欣工作室

冬奥·冰上舞者：花样滑冰大全

冰上舞蹈
BINGSHANG WUDAO

张昊　主编

出　版	北京出版集团
	北 京 出 版 社
地　址	北京北三环中路 6 号
邮　编	100120
网　址	www.bph.com.cn
总发行	北京出版集团
经　销	新华书店
印　刷	北京华联印刷有限公司
版　次	2024 年 3 月第 1 版
印　次	2024 年 3 月第 1 次印刷
开　本	710 毫米 ×1000 毫米　1/16
印　张	10.25
字　数	200 千字
书　号	ISBN 978-7-200-16846-4
定　价	48.00 元

如有印装质量问题，由本社负责调换

质量监督电话　010－58572393